# AI와 알파 세대

## 인공지능총서

인공지능 시대입니다. 기계가 인간의 인지를 대신하고, 사물이 인간을 통하지 않고 다른 사물과 직접 커뮤니케이션합니다. 이에 따른 인간 삶과 문명 변화를 정확히 이해·예측·대응하는 것은 이 시대 우리 모두의 과제입니다. 인공지능총서는 인공지능 기술과 환경의 여러 주제를 10가지 키워드로 정리합니다. 관련 개념과 이론, 학계와 산업계의 쟁점, 우리 일상의 변화를 다룹니다. 인간과 기술의 현재, 미래를 세심히 분석합니다.

## 일러두기

- 인명, 작품명, 저서명, 개념어 등은 한글과 함께 괄호 안에 해당 국가의 원어를 병기했습니다.
- 외래어 표기는 현행 어문규정의 외래어표기법을 따랐습니다.

처음이세요?

전문가세요?

**지금, 큐알 찍으면**

- AI 입문서 바로 선물
- 당신만의 필독서 추천
- 500권 요약본 공짜
- 오디오북 무료 사용

# AI와 알파 세대

강민희

대한민국, 서울, 커뮤니케이션북스, 2025

AI와 알파 세대

지은이 강민희
펴낸이 박영률

초판 1쇄 펴낸날 2025년 5월 25일

커뮤니케이션북스(주)
출판 등록 2007년 8월 17일 제313-2007-000166호
02880 서울시 성북구 성북로 5-11
전화(02) 7474 001, 팩스(02) 736 5047
commbooks@commbooks.com
www.commbooks.com



ISBN 979-11-7307-757-9 03500

책값은 뒤표지에 표시되어 있습니다.

# 차례

## AI 시대에 주요 세대가 될 알파 세대

인공지능(AI, Artificial Intelligence)과 알파 세대(Generation Alpha)는 떼어내려고 해도 떼어낼 수 없는 밀접한 관계에 있다. AI가 빠른 속도로 발전하고 있는 이 시대에 태어나고 자라나는 알파 세대. 그들의 삶 속에 AI 기술은 이미 깊숙이 침투해 있다. '디지털 원주민'이라는 별칭으로 세대론의 뜨거운 감자였던 Z세대에 이어 그다음 세대로 주목받는 알파 세대는 'AI 원주민'이라는 별칭을 얻었다.

알파 세대는 AI 스피커인 '알렉사(Alexa)', '시리(Siri)', '지니(Genie)' 등의 이름을 부르는 것에 어색하지 않고, VR(Virtual Reality, 가상현실) 헤드셋으로 게임을 하는 것에 친숙하며, '유튜브(YouTube)' 알고리즘이 신기하지 않다. 다른 세대에게는 혁신적이었던 신기술이나 신기능이 알파 세대에게는 당연한 일상이다. 출생률이 해마다 감소하는 국내의 실정과는 다르게 전 세계의 알파 세대 인구는 역대 세대 중 가장 많은 인구수를 기록할 것이다. 거대 인구수를 보유한 알파 세대는 향후 20년 사이에 AI 기술을 가장 많이 사용하는 세대이며 AI 시대의 핵심 주요 세대가 될 것이다.

따라서 그들을 이해하는 것은 우리 사회가 미래 지향적 방향으로 나아가는 데에 매우 중요하다. 이토록 중요한 알파 세대는 도대체 누구인가? 그들은 어떤 것을 중요하게 여기는가? 어떤 가치관을 따르고 있는가? 무엇을 좋아하는가? 어떻게 누구와 소통하는가? 어떤 방식으로 교육받는가? 아직은 어리고 투표권조차 없는 아이들이지만 우리는 그들을 궁금해 해야 한다. 그들을 향한 수많은 질문은 서로 간의 이해와 화합을 도울 것이다. 알파 세대를 이해하려 노력할수록 이 사회의 구성원들이 더욱더 조화롭게 어우러질 것이다. 이 노력에는 AI에 대한 이해 또한 포함된다. 앞의 질문들에 대한 해답을 찾기 위해 AI 기술 기반의 여러 가지 시스템과 플랫폼, 관련 문제점과 이슈 및 윤리 등을 알아야 한다.

이 책에서는 AI와 알파 세대를 이해하기 위해 10개의 장으로 나눠 이야기한다. 1장에서 알파 세대를 자세히 파헤쳐 보고 그들의 특징과 가치관을 이해하는 시간을 갖는다. 2장에서는 알파 세대가 AI 기술을 그들의 삶 속에서 어떻게 활용하고 있는지 알아본다. 대부분의 알파 세대가 10대이므로 특히 교육에서의 AI 활용을 중심적으로 파헤쳐 본다. 3장에서는 알파 세대가 메타버스에서 어떻게 타인과 소통하는지, 어떤 플랫폼을 사용하고 있는지 설명한다. 또한 AI 시대의 새로운 챕터를 연 '챗GPT(Chat GPT)'를 올바르게 활용하기 위해 알파 세대가 길러야 할 역량들을 4장에서 이야기해 본다. 5장은 AI 시대를 살아가기 위해 갖춰야 할 디지털 리터러시와 AI 윤리를 다루고 6장에서는 AI와 차별화되는 인간만의 창의성 증진을 위한 대책을 논의한다. 7장과 8장은 다른 세대와 조화로운 관계를 이어 나가기 위한 알파 세대의 문화적 흐름을 살펴본다. 특히 레트로 문화의 유행을 통한 새로운 문화적 기류를 인지하고 세대 통합의 필요성과 중요성을 배운다. 마지막으로 9장과 10장에서 AI 시대에 새롭게 생겨나고 있는 분야들에 대해 알아보고 앞으로 알파 세대가 맞이할 새로운 미래를 예측해 본다.

## 미래 사회를 이끌어갈 알파 세대

도대체 알파 세대는 누구인가? 그들은 어떤 것을 중요하게 여기는가? 이 책을 본격적으로 시작하기 전에 그들에 대한 궁금증을 가볍게 풀고 가본다.

2010년부터 2024년 사이에 태어난 알파 세대는 아날로그를 한 번도 경험해 본 적 없는 디지털+AI 원주민(네이티브, Native) 세대다. 이들은 AI를 모국어처럼 자연스럽게 사용하며 디지털 환경에 익숙하다. 그 어느 세대보다 AI 기술 기반의 프로그램들을 편리하게 도구로 활용하며 이는 그들의 창의성을 마음껏 발휘하도록 해 줄 것이다.

기성세대가 기술의 발전을 이루며 낳은 기후 변화는 알파 세대가 해결해 나가야 할 숙제가 되었고 전 세계적 팬데믹은 알파 세대로 하여금 건강에 대한 가치관을 확립시키는 계기가 되었다. 알파 세대는 다른 세대들과 달리 어린 나이부터 많은 정보를 어렵지 않게 접하고 실시간으로 전 세계와의 연결이 가능한 기술적 환경 속에서 자라고 있다. 이와 같은 환경 속에서, 그들은 어릴 때부터 기후 변화, 차별, 전염병 확산 등 사회적 이슈와 세계적 고민거리에서 자신들만의 가치관을 갖고 이를 위한 행동을 취할 수 있는 능력을 갖춰가고 있다.

알파 세대가 태어난 2010년은 '애플(Apple)'의 '아이패드(IPad)'가 출시되어 태블릿PC의 시대가 온 해이기도 하다. 아이패드의 등장은 교육계에서 아날로그 수업들이 디지털로 전환되는 데 큰 계기가 되었다. 태블릿PC는 데스크톱PC에 비해 휴대성이 뛰어나 어디서나 쉽게 사용할 수 있으며 터치스크린으로 직관적 사용이 가능하다. 애플리케이션을 통해 스마트폰과 같이 다양한 기능을 쉽게 확장할 수 있어 교육에 사용하기 용이하다. 알파 세대가 태어나는 시점에 개발된 디지털 기술들은 그들의 부모 세대가 알파 세대를 양육할 때 유용하게 사용되었고 또한 현재도 사용하고 있다. 하지만 태블릿PC와 같은 기술을 통해 무엇이든 쉽게 접할 수 있는 환경은 감정 조절과 인내심 증진을 방해하는 결과를 낳았다. 이를 개선하기 위해 알파 세대는 개개인에 맞춘 감정 공감 설계, 디지털 디톡스 등의 다양한 방식으로 자신의 감정을 적절히 조절하고 꾸준하게 목표를 달성해 나가는 능력을 발전시키고 있다.

에듀테크(Edtech, Edutech) 시대를 살아가는 알파 세대는 AI 기술 기반의 여러 프로그램들을 학습 도구로 십분 활용하고 있다. 코로나19로 세계적 팬데믹 속에서 알파 세대는 비대면 문화에 익숙해졌고 특히 교육계에서 비대면 교육 관련 학습 도구 분야가 활발히 개발, 사용되었다. AI 기술을 탑재한 다양한 학습 도구들은 개인 맞춤형 교육으로 변화하고 있는 교육계에 큰 도움을 준다. 다대일 형식의 교육 체계 안에서 AI 기반 교육 플랫폼은 한 명의 교사가 여러 학생을 한 명씩 신경 쓸 수 있는 환경을 제공한다. 이는 알파 세대의 개인주의 성향을 더욱 심화하는 요인이며 개인에 집중하여 역량을 최대치로 끌어올리는 장점과 동시에 이기주의가 생길 수 있는 단점 또한 피할 수 없다.

알파 세대의 취향을 충족시키기 위한 '키즈테크(Kids tech)' 시장의 규모가 점점 커지고 있다. 원하는 콘텐츠를 주도적으로 검색하고 많은 양의 정보를 습득하는 능력이 뛰어난 알파 세대는 그 어느 세대보다 취향이 확실하며 수동적 소비자가 아닌 능동적으로 선택하는 소비자가 되었다. 아직 경제력이 없는 어린 나이의 알파 세대지만 그들의 영향력은 주변의 경제력을 갖춘 어른들을 향해 있다. 알파 세대는 주변의 8명 이상 어른들의 지갑을 연다는 뜻의 신조어인 '8-포켓(8-pocket)'이라는 별명을 얻을 정도로 현재 키즈 관련 산업에 큰 영향력을 행사하고 있다.

## AI에 대한 이해

AI는 인간의 지능을 모방해 특정 작업을 수행할 수 있도록 설계된 시스템이나 프로그램이다. AI는 데이터를 학습하고 이를 기반으로 패턴을 인식하며, 문제를 해결하는 능력을 갖추고 있다. 주로 머신러닝(Machine Learning)이나 딥러닝(Deep Learning)과 같은 기술을 사용해 발전했으며, 자연어 처리, 이미지 인식 등 다양한 분야에 응용된다. AI는 자율주행차, 시리와 같은 가상 비서, 넷플릭스(Netflix)의 사용자 취향에 맞는 콘텐츠를 추천하는 것과 같은 추천 시스템, 챗봇, 언어 번역, 주식 거래 등 일상생활에서 활발하게 활용되고 있다. 궁극적으로 AI는 인간이 하는 작업의 효율성을 높이고 복잡한 작업을 자동화하는 데 기여한다.

이러한 AI 기술로 인간의 삶은 점점 편리해지고 있다. 하지만 이것이 마냥 좋다고만 할 수도 없다. 왜냐하면 인간의 일자리를 대체하는 기술들이 속속 출현하고 인간의 창의성을 위협하는 AI 기반 프로그램들이 차례로 대중에게 공개되고 있기 때문이다. 이에 대한 여러 가지 관점과 우려가 증가하고 있으며 대응책 마련을 위한 다양한 분야의 전문적 논의와 정부 차원의 제도 마련도 이뤄지고 있다.

알파 세대가 가장 유용하게 사용하고 있는 AI 기술 기반의 디지털 환경은 메타버스(Metaverse)다. 메타버스는 가상 세계와 현실이 융합된 디지털 공간을 의미하며, 사용자들이 상호작용할 수 있는 3D 가상공간을 제공한다. 알파 세대는 메타버스 안에서 친구들을 만나고 커뮤니티를 형성하며 타인과의 소통 능력을 기른다. 메타버스 기반의 여러 플랫폼은 소비자가 콘텐츠를 창작 · 생산할 수 있는 시스템을 제공하며 생산자와 소비자 간의 경계선을 허물어 새로운 산업 트렌드를 보여 준다. 알파 세대는 콘텐츠를 창작하고 생산 · 유통하는 과정을 어렵지 않게 받아들이며 경험을 쌓아가고 있다. 이러한 과정에서 여러 가지 역량을 습득하여 그 어느 세대보다 강력한 디지털 세대로 거듭나고 있다.

2022년에 혜성같이 등장한 챗GPT(Chat Generative Pre-trained Transformer)는 AI 시대에 혁신적인 변화를 불러일으켰다. 인간의 능력과 비슷한 수준의 문제 해결 수행력을 보여 주며 수많은 이용자를 확보했다. 챗GPT의 고급 AI 언어 모델은 인간의 언어를 이해하고 생성하는 능력이 크게 발전되어 번역, 텍스트 요약, 감정 분석 등의 분야에서 정확성과 효율성이 탁월하다. 많은 기업이 챗봇 서비스를 도입해 고객 문의에 대한 응답을 신속하게 처리할 수 있게 되었고 교육 분야 역시 학생들이 질문을 하면 AI가 즉시 답변하고, 학습 자료를 추천하거나 설명할 수 있게 되었다. 또한 블로그 글, 마케팅 카피, 회사 보고서, 소설 등 다양한 형태의 콘텐츠를 자동으로 생성하는 데에도 적극적으로 활용되고 있다. 이를 통해 무언가를 창작해 나가는 과정의 시간과 노력을 절감할 수 있게 되었다. 챗GPT가 지원하는 다양한 언어와 형식으로 전보다 더 많은 사람이 필요한 정보에 접근할 수 있게 되었다. 이처럼 챗GPT는 의사소통 방식, 업무 처리, 교육 및 창작 활동 등에 혁신을 가져다주며, AI 기술이 인간의 일상생활에 더욱 깊숙이 통합될 수 있는 기반을 마련하고 있다.

알파 세대는 챗GPT를 올바르게 활용할 수 있도록 이에 적합한 역량을 길러야 할 것이다. AI 기술에 지나치게 의존해 지배되지 않고 이것을 도구로 최대한 효율적으로 활용하여 인간의 창의성을 더욱더 독보적으로 발휘해야 한다.

## 윤리, 사회적 기준, 사람들의 관점

AI 기술이 빠른 속도로 발전하며 디지털 리터러시와 AI 관련 윤리에 대한 사람들의 경각심이 날로 높아지고 있다. 딥페이크(Deepfake)와 같은 기술을 이용해 심각한 범죄들이 발생하고 있으며, 창의성과 관련된 작업에 저작권 문제들 또한 현존하는 법률로 해결할 수 없는 경우들이 생겨나고 있다. 전 세계의 나라들은 AI와 관련된 범죄에 맞서는 제도와 지침에 깊이 있는 논의를 하며 관련 법률을 하나 둘 제정해 나가고 있다. 국내 역시 통신비밀 보호법 개정안을 발의하고 「딥페이크성범죄방지법」을 통과시키는 등 정부가 개입되어 AI 관련 범죄에 대응하고 있다. 하지만 가속화하는 AI 기술의 발전 속도를 따라가기에 관련 법들의 제정 속도는 역부족이다.

알파 세대는 대응책을 갖고 있을까? 알파 세대는 AI 관련 윤리적 문제들을 해결하기 위해 디지털 리터러시를 교육받아야 한다. 이는 다른 세대들도 마찬가지다. 세상이 온통 디지털 환경으로 둘러싸여 있고 AI 기술이 삶 속에 점점 스며들고 있는 이 시대에 발생하는 문제점은 다양하다. 이를 정확히 파악하고 비판적으로 사고할 수 있는 능력은 필수다. 디지털 리터러시(digital literacy)는 말 그대로 디지털 문해력이다. 정보를 검색하는 능력, 정보를 평가하는 능력, AI와 소통하는 능력, AI를 통해 콘텐츠를 생성하는 능력 등 다양한 능력을 의미한다. 디지털 리터러시 교육으로 안전하게 디지털 환경 속에서 활동하며 더 나은 디지털의 미래를 만들어 나가야 한다.

AI 기술의 발전으로 사람들의 사회적 기준과 관점이 달라지고 있다. 점점 개인주의화하는 사회 현상과 더불어 다양한 입장에 대한 객관적 사고력과 깊이 있는 시민의식이 생겨나고 있다. 달라지고 있는 윤리적 기준에 맞게 현실적 법의 변화가 이루어져야 할 것이다.

## 결국엔 다 사람 사는 세상

아무리 AI 기술이 발달하고 이 세상이 빠르게 변해도 결국엔 다 사람들이 살아가는 세상일 뿐이다. 시대가 바뀌고 세월이 흘러도 인류가 갈망하는 것은 비슷한 맥락 안에 머물러 있다. 알파 세대가 AI 기반 디지털 환경에 태어나 막강한 정보력을 지니고 혼자서 많은 것을 할 수 있는 환경 속에 있더라도 그들은 타인과의 소통과 공감을 갈망한다. 다른 세대와의 감정 공유로 새로운 문화적 흐름을 형성하고 세대 간의 갈등을 봉합해 나간다. 이는 특히 최근 수년간 유행하고 있는 레트로 문화에서 엿볼 수 있다. 중년의 세대들이 과거에 향유했던, 아날로그 감성에 열광하는 Z세대가 만들어 낸 뉴트로 문화의 흐름은 그대로 알파 세대에게도 닿아 있다.

평균 수명이 늘면서 다양한 세대의 공존이 더욱더 중요해지고 있다. 이제는 가족 모임을 할 때 3~4세대가 함께 모인다. 알파 세대의 형제자매, 사촌인 Z세대, 부모인 밀레니얼 세대, 이모, 삼촌인 X세대, 할아버지, 할머니인 베이비붐 세대 등 다양한 세대가 본인들의 가치관과 생활 방식을 고수하며 세대 간의 갈등과 화합이 수없이 반복된다.

알파 세대는 그 어느 세대보다 다양한 세대들과 공존하며 공감 능력의 필요성을 절실히 느낀다. 다른 세대와의 조화로운 관계를 형성하기 위한 모두의 노력이 필요하다. 서로를 머리로 이해하고 마음으로 공감하며 더 나은 사회를 위해 나아가야 한다.

## 알파 세대의 미래, 우리 사회의 미래

AI 기술은 나날이 발전하고 있다. 점점 인간의 능력을 따라잡으며 특정 분야에서는 이미 인간의 능력을 뛰어넘는다. 다양한 분야의 전문가들은 AI 기술의 발전이 가까운 미래에 인간의 능력을 뛰어넘어 인간 세상을 지배하리라 예측한다. 이를 위한 대책 마련이 필요하다는 것은 AI 기술을 경험한 사람이라면 누구나 느낄 것이다. AI 기술과 차별화할 수 있는 인간만의 독창적인 창의력과 문제 해결 능력은 우리 사회의 미래를 맞이하는 필수 역량으로 자리 잡을 것이다. 특히 미래 사회를 살아갈 알파 세대에게 이러한 역량들을 교육하는 것은 우리 사회의 주요 과제다.

변화하는 시대에 발맞춰 다른 세대의 인식 변화 또한 매우 중요하다. 시대를 바라보는 프레임의 전환을 통해

20세기를 주도했던 전통적 방식의 교육 환경을 개선해야 한다. 더 이상 단체 활동만이 아닌 개개인의 특성과 능력치를 고려한 개인 맞춤형 교육에 맞춰 사회 구성원 한 명 한 명에게 집중하고 개인만의 특성과 개성을 살려내는 것이 필요하다. 방대한 정보의 홍수 속에서 진짜와 가짜를 가려낼 수 있는 능력 또한 AI 시대에 살아가야 하는 알파 세대에게 필수 역량이다. 이미 검증된 정보를 수동적으로 주입식 교육받던 시대는 지나갔다. 몇 번의 손가락 터치만으로 원하는 정보를 검색하는 이 시대에 알맞은 프레임으로의 전환을 통해 알파 세대와 함께 더 나은 사회를 만들어 나가야 한다.

지금 필자가 책을 쓰고 있는 이 순간에도 AI 기술은 계속 발전하고 또 다른 새로운 뉴스들이 속속 나오고 있다. 2025년부터 태어나는 아이들은 또 다른 이름의 세대가 될 것이고 알파 세대의 시대는 또 지나가게 될 것이다. 한 시대에 머물러 있지 않고 흘러가는 세월에 맞춰 유연한 사고력을 지닌다면 그 어떤 세대와도 자연스럽게 더불어 살아갈 수 있다. 이 책을 읽고 나면 알파 세대와 AI 시대라는 새로운 시대를 맞는 이 순간을 당황하지 않고 순조롭게 받아들일 수 있을 것이다. 이를 통해 알파 세대와 함께 살아가는 우리 사회의 미래가 조금 더 나은 방향으로 향하기를 바란다.

## 참고문헌


강승혜 외(2024). 『세대욕망』. 한스미디어.

권장원 외(2021). 『인공지능, 디지털 플랫폼 시대 미디어 리터러시 이해』. 한울아카데미.

김효은(2019). 『인공지능과 윤리』. 커뮤니케이션북스.

류지헌 외(2023). 『디지털 시대의 메타버스와 교육』. 박영story.

안재현(2024). 『공부만 잘하는 아이는 AI로 대체됩니다』. 카시오페아.

온라인뉴스팀(2024.6.27). '키즈 산업' 50조 원 한국콘텐츠진흥원 전망… 어린이 콘텐츠 강세, ≪서울신문≫, https://www.seoul.co.kr/news/life/2024/06/27/20240627500056

장재웅(2022.10.26). [DBR/Special Report]"지구촌 주역될 알파세대, 이들을 이해해야 조직도 살아". ≪동아일보≫, https://www.donga.com/news/Economy/article/all/20221025/116154017/1

정제영 외(2023). 『챗GPT 교육혁명: ChatGPT를 활용한 하이터치 하이테크 미래교육』. 포르체.

Kissinger, H. A. et al.(2021). *The age of AI.* Little Brown and Company. 김고명(2023). 『AI 이후의 세계』. 윌북.

Prensky, M.(2023). *Empowered!:Re-framing 'growing up' for a new age.* EAI Press. 허성심(2023). 『세상에 없던 아이들이 온다』. 한문화.

# 01
# 알파 세대의 정의와 특징

알파 세대는 누구인가? 최근 몇 년간 세대론의 주역이었던 Z세대가 지나가고 알파 세대의 시대가 다가온다. 그들이 누구인지 파악하고 이해하는 것은 현시대에 필수다. 알파 세대의 정의와 특징을 제시하고 그들이 지향하는 가치를 논의한다.

AI와 1인 창업?

## 알파 세대, 그들은 누구인가?

사회학에서는 15년 주기로 세대를 나누어 분류한다. 지난 몇 년간 우리 사회가 주목했던 MZ세대는 밀레니얼(Millennial) 세대와 Z세대를 가리킨다. 밀레니얼 세대는 새천년 세대 혹은 Y세대라고도 불리며 1980년생부터 1994년생까지를 일컫는다. 이들은 사회와 문화에 다양한 영향을 미쳤던 X세대의 다음 세대이며 알파 세대의 부모 세대이기도 하다. X세대의 자녀 세대인 Z세대는 1995년생부터 2009년생까지를 지칭한다. Z세대가 형성한 레트로 문화와 개인주의 성향은 하나의 사회적 트렌드로 자리 잡았고 이들을 이해하기 위한 노력이 각 분야에서 진행되고 있다. Z세대를 이어갈 다음 세대로 주목되는 알파(Alpha) 세대는 2010년생부터 2024년생까지의 출생자를 말한다. 이들은 현재 갓 태어난 신생아부터 중학생까지의 세대이며 향후 20년간 사회의 각 분야에 주요한 영향을 미치며 이 시대의 트렌드를 주도해 나갈 것이다.

알파 세대는 호주의 사회 연구학자이자 미래학자인 마크 매크린들(Mark McCrindle)이 만든 용어다. X세대 이후 Y, Z로 이어가며 알파벳의 가장 마지막 글자까지 사용했고 다시 처음으로 돌아가 그리스 문자의 첫 글자인

'알파(α)'를 부여해 신인류의 등장을 의미하게 하였다. 알파 세대는 전 세계적으로 매주 약 280만 명씩 태어나고 있다. 2025년에는 그 수가 약 22억 명에 도달하며 인류 역사상 가장 큰 규모의 세대가 될 것으로 전망된다. 한국의 출산율 감소 현상과 상반되는 이야기처럼 들리지만, 국내의 알파 세대 역시 그 수와 관계없이 그들의 영향력 또한 높아지고 있으며 세계화하는 현시대에 전 세계 알파 세대의 특성은 비슷한 추세로 형성되고 있다. 호주의 매크린들 연구소의 자문 이사이자 경제학자인 애슐리 펠(Ashley Fell)은 "알파 세대는 앞으로 10년과 그 너머를 내다볼 수 있는 렌즈 역할을 할 것이며 이들을 이해하는 것은 매우 중요하다"(동아비즈니스리뷰, 2022)고 국내 언론 매체와 인터뷰했다.

알파 세대를 정의하기 시작한 2010년에는 아이패드가 출시되었고 '인스타그램(Instagram)'이 서비스를 개시했다. 아이패드의 출시와 함께 디지털 분야는 빠르게 발전했고 인스타그램과 같은 소셜 플랫폼의 등장은 Z세대와 알파 세대와 같은 젊은 층에게 새로운 커뮤니티 문화를 형성하도록 했다. 스마트 기기나 소셜 플랫폼이 개발되기 전의 디지털 시대부터 거쳐 온 Z세대와는 다르게 알파 세대는 태어나자마자 스마트 기기의 스크린에 노출되고 그

유리 화면에 익숙해지는 현상이 나타나며 '유리(Glass) 세대'라는 별칭을 얻었다. 말을 배우기 전부터 스마트 기기를 능숙하게 활용할 수 있는 환경에서 자라온 이들을 아날로그를 경험하지 못한 '디지털 온리(Only)'라고도 부르고 메타버스의 프로토타입(Prototype)에 익숙한 '가상(Virtual) 세대'로도 부른다. 그 어떤 세대보다 더 많은 정보에 접근할 수 있는 능력을 갖추고 있다는 의미의 '다중모드(Multi-modals)', 왕성한 정보력을 바탕으로 과거 어린이들보다 아는 것이 많아지며 빨리 성숙해졌다는 의미의 '업에이저(Upagers)' 등 다양한 용어들로 알파 세대를 표현한다.

## 알파 세대, 그들의 영향력

앞으로 약 5년 안에 알파 세대는 20대(만 18세)에 진입하며 경제적, 사회적, 정치적 분야에 그들의 영향력을 확장해 나갈 것이다. 이들은 아직 직접 소비하지 않는 어린 나이대지만 '에잇 포켓(Eight Pocket)'이라 불리며 주변 어른들의 소비에 큰 영향을 미치고 있다. '에잇 포켓'은 8개의 지갑이라는 뜻의 신조어로 조부모, 이모, 고모, 삼촌 등 주변 친척들과 지인들 8~10명 정도의 사람들이 한 아이를 위해 소비하는 현상이다. 딩크족과 미혼자의 수가 늘어나고 평균 수명의 연장으로 조부모가 있는 가정이 늘면서 이들의 지갑이 주변 친척이나 지인의 아이들에게 열리기 시작하였다. 알파 세대는 디지털 매체를 통한 정보 활용력이 높아서 다른 세대에 비해 비교적 어린 나이부터 많은 양의 정보를 접할 수 있고 선택의 폭 또한 다양해졌다. 이를 통해 높은 구매력을 가진 미래의 최고 소비 권력으로 주목받으며 새로운 핵심 고객이 되고 있다. 매크린들(McCrindle)은 2029년에는 알파 세대의 경제적 소비 규모가 5조4600억 달러 이상이 될 것으로 전망했다. 이는 다양한 분야의 기업들이 알파 세대를 이해하고 그들의 소비 성향을 분석해야함을 강조한다.

현재 알파 세대의 가장 큰 비중을 차지하는 어린이와 영유아를 대상으로 한 전 세계의 키즈 산업의 규모가 확장되고 있다. 2023년 국내 합계출산율이 0.72명으로 역대 최저치를 기록했음에도 불구하고 국내 키즈 관련 산업은 매년 고성장하고 있다. 한국콘텐츠진흥원에 따르면 2002년에 8조 원 정도였던 국내 키즈 관련 산업 시장은 2020년대에 들어서 50조 원 수준으로 확대되었다. 글로벌 컨설팅 기업인 '매킨지(McKinsey)'는 2025년에는 58조 원까지 성장할 것으로 전망하고 있다. 키즈 산업은 아이들을 위한 제품 및 서비스를 제공함과 동시에 양육하는 부모의 어려움을 해결해 주는 제품 및 서비스로 확장하며 그 시장 규모가 더 넓어지고 있다. 유통업계는 알파 세대의 부모 세대가 그들의 자녀에게 집중하는 소비 패턴 현상을 활용해 각종 어린이 체험 행사들과 이벤트, 관련 상품을 다양하게 출시하며 마케팅을 펼치고 있다.

식품업계 또한 알파 세대의 소비 성향에 주목하고 있다. 한국농수산식품유통공사가 제시한 '브랜드를 위한 알파세대 가이드 보고서'에 따르면 부모의 46%가 자녀의 설탕 섭취를 제한하는 것으로 나타났다. 부모가 제공하는 환경에 따라 알파 세대는 선상에 빈삼한 환경에서 사라고 있으며 특히 설탕 섭취 감소는 이들의 식단에서 중요한 고려사항이 되고 있다. '업에이저'인 알파 세대는 어린 나이에도 사회적 인식이 높고 다른 세대보다 더 이른 나이에 소비 환경에 참여한다. 이들은 제품의 성분, 출처, 환경오염 여부 등에 관심이 높다. 기후 변화와 환경오염에 대한 인식이 높아 사회적 의식 변화에 조금씩 영향력을 높이고 있다. 알파 세대의 어린이들은 '업에이저' 이외에도 '트윈에이저(tweenager)', 혹은 '트윈(tween)'이라고 불린다. 8~12세의 어린이를 가리키며 과거 어린이들보다 성숙하고 현재 청소년보다는 미숙한 특징을 가진다. 이들은 단순히 어린 소비자 역할을 넘어 성인 브랜드를 이용하는 등 구매력을 확장하고 있다. 전 세계적으로 문화적 트렌드가 된 케이팝(K-pop) 산업에서도 이들의 영향력을 확인할 수 있다. 아이돌 가수의 팬덤 문화는 이미 '트윈'들에게 주요 관심사이며 '생카(생일 카페)'와 같은 새로운 문화 현상에 그들의 소비력을 과시하고 있다. 알파 세대의 부모 세대인 밀레니얼 세대는 디지털 이주민으로서 디지털화한 세상에 친숙하여 각종 스마트 기기를 이용해 육아와 육아 관련 쇼핑은 물론 육아 관련 지식 등을 온라인에서 공유하며 육아 커뮤니티를 형성한다. 기존 키즈 관련 산업에 IT를 접목한 키즈테크는 디지털 기술이 익숙한 밀레니엄 세대 부모들에게 편리성을 제공하며 자녀들인 알파 세대의 사회적 참여와 영향력 행사에도 도움을 주고 있다.

## 알파 세대의 디지털, 그들의 가치관

알파 세대는 앞서 언급했듯이 '디지털 Only'이자 Z세대에게 부여되었던 별칭인 '디지털 원주민'이라고도 불린다. 이는 그들이 태어난 시기에 급속도로 발전하고 있는 기술과 더불어 부모의 디지털 활용성에 의한 바가 크다. 알파 세대의 부모는 대부분 '디지털 이주자'인 밀레니얼 세대다. 아날로그 시대를 경험한 이들은 디지털화의 편리성이 주는 가치를 높게 평가하며 디지털을 통한 교육과 양육을 적극적으로 활용한다. 이들은 알파 세대가 태어났을 때부터 스마트폰, 태블릿PC 및 다양한 디지털 기기를 접할 수 있는 환경을 제공하고, 디지털 미디어와 온라인 플랫폼을 활용한 교육 또한 제공해 이 시대의 교육 패턴을 변화시키고 있다. 따라서 알파 세대는 전통적인 교육 방식에서 벗어나 디지털화되고 개별화된 학습 환경 속에서 온라인 학습 도구와 여러 종류의 교육 애플리케이션들로 이전 세대보다 다양하고 높은 수준의 교육을 경험하고 있다.

AI의 발달로 디지털 세계의 급성장은 자아와 가치관이 형성되는 시기에 놓여있는 알파 세대에게 그 어떤 세대보다도 큰 영향을 미치고 있으며 앞으로도 지속될 것이다. 인공지능화한 디지털 환경 속에서 알파 세대는 실시간으로 전 세계와 연결되고 각지에서 일어나는 이슈나 뉴스를 손쉽게 접할 수 있다. 또한 가상 세계 속에서 커뮤니티를 형성하여 전 세계 사람들과 사회적 상호작용을 하는 등 다른 세대들보다 이른 나이인 유년기에 다양한 가치관과 문화를 흡수할 수 있다. 그 어떤 세대들보다 AI 활용에 거부감이 없고 친숙하다. AI는 이미 그들의 삶 속 깊숙이 침투해 있다. 이에 알파 세대는 'AI 원주민'

이라고도 불린다.

알파 세대는 팬데믹 시대를 어린 나이에 겪으며 건강 관련 이슈에 민감한 편이다. 이들은 웰빙(Well-being)을 추구하는 경향이 강해 소비 패턴뿐 아니라 사회적 인식에도 큰 영향을 미친다. 또한 세계적 기후 변화가 심각해지는 것에 관심도가 높고 지속 가능한 미래의 중요성을 인지하는 가치관을 지녔다. 스웨덴의 환경운동가 그레타 툰베리(Greta Thunberg)는 2003년생으로 Z세대다. 그녀의 환경 운동은 알파 세대에게 큰 영향을 미쳤다. 2019년에 유엔(UN) 본부에서 열린 '기후행동정상회의'에서의 연설로 세계적으로 유명해졌으며 시사 주간지 ≪타임(TIME)≫에서 '올해의 인물'에 역대 최연소로 선정되었다. 2019년에 125개국 2000여 개의 도시에서 학생들이 주최한 기후 변화에 대한 각 정부의 적극적인 대응을 촉구하는 '기후를 위한 학교 파업 시위(School strike for climate)'가 열렸다. 이는 Z세대 및 알파 세대가 환경 보호와 지속 가능한 미래에 대해 얼마나 심각하게 생각하는지 그들의 가치관을 보여 주는 주요한 계기가 되었다.

## 알파 세대를 위한 새로운 프레임 전환

알파 세대와 조화롭게 더불어 살아가기 위해서 그들을 교육하는 관점부터 변해야 한다. '디지털 원주민'과 '디지털 이민자'라는 신조어를 만든 미국의 교육 혁신가이자 미래학자인 마크 프렌스키(Marc Prensky)는 그의 저서 『세상에 없던 아이들이 온다』에서 21세기에 태어나고 자란 아이들을 위한 혁신적이고 창의적인 교육 패러다임을 제시하였다. 알파 세대라는 명칭을 고안한 매크린들 역시 그의 여러 저서에서 알파 세대가 사회에 미치는 영향을 강조하며 그들을 바라보는 관점의 변화가 중요하다는 메시지를 언급한다.

알파 세대는 20세기를 지배했던 전통적 교육 방식에서 벗어나 새로운 역량에 집중해야 한다. 이들의 교육은 비판적 사고력, 문제 해결 능력, 자기주도학습 능력, 그리고 인문학적 상상력을 동원한 창의성 등의 역량을 갖추는 것에 초점을 둬야 한다. AI의 출현으로 이미 기본적인 정보 검색 능력과 기초적 계산 능력 등 전통적 교육 방식에서 습득해야 했던 것들이 해결되고 있다. 이제는 그 이상의 것, AI가 제공할 수 있는 정보와 답변을 바탕으로 인간만이 할 수 있는 역량을 기르는 교육이 필요하다.

더 나은 세상을 만들기 위해서는 세대 간의 조화가 필수다. AI 발달과 더불어 급성장하고 있는 디지털 기술의 발전은 전 세계를 실시간으로 연결해 주고 문화의 다양성을 경험하게 했고 그 결과 세대 간의 이해와 포용이 중요한 사회적 과제가 되었다. 알파 세대를 제대로 이해하고 디지털 시대에 걸맞은 새로운 관점을 갖는다면 더 나은 미래 사회를 실현하는 데 도움이 될 것이다.

### 참고문헌

김민주(20204.2.29). 장난감 대신 룰루레몬 사는 알파세대… "성인 브랜드가 더 익숙해". ≪한경비즈니스≫, https://magazine.hankyung.com/business/article/202402299851b

온라인뉴스팀(2024.6.27). '키즈 산업' 50조 원 한국콘텐츠진흥원 전망… 어린이 콘텐츠 강세. ≪서울신문≫, https://www.seoul.co.kr/news/life/2024/06/27/20240627500056

육성연(2024.10.6). [리얼푸드] 미국 알파세대는 이것을 원한다. REAL FOODS, http://www.realfoods.co.kr/view.php?ud=20241006050033

장재웅(2022.10.26). [DBR/Special Report] 지구촌 주역될 알파세대, 이들을 이해해야 조직도 살아. ≪동아일보≫, https://www.donga.com/news/Economy/article/all/20221025/116154017/1

전지선(2024.1.12). 저출산 시대 모순...키즈테크, 아동산업 '호황' 이끈다. ≪매일신문≫, https://www.imaeil.com/page/view/2024011216285817561

차민주(2023.11.7). '생카', '팝업스토어'에 열광…공간에서 재미 찾는 잘파세대. ≪서울경제≫, https://www.sedaily.com/NewsView/29X56KFZV2

차정윤(2023.5.4). 가정의 달 동심 저격…'알파 세대 · 에잇 포켓' 잡아라. ≪YTN≫, https://www.ytn.co.kr/_ln/0106_202305042323396305

KRG(2024.2.28). 국내 키즈산업, 2025년에 58조원 시장 전망, https://industrymarket.co.kr/gugnae-kijeusaneob/

McCrindle, M.(2015). *The ABC of XYZ: Understanding the global generations.* McCrindle Research Pty Ltd., Kensington: Univ. of New South Wales.

McCrindle, M. et al.(2023). *Generation alpha: Understanding our children and helping them thrive.* Hachette Australia. 허선영 옮김(2023). 『알파의 시대』. 더퀘스트.

Prensky, M.(2001). *Digital natives, digital immigrants.* On The Horizon, 9(5), pp.1~6.

Prensky, M. (2023). *Empowered!:Re-framing 'growing up' for a new age.* EAI Press. 허성심 옮김(2023). 『세상에 없던 아이들이 온다』. 한문화.

Tapscott, D. (2008). *Grown up digital: How the net generation is changing your world.* McGraw Hill Professional.

## 02
## 알파 세대의 AI 활용

태어날 때부터 접한 AI를 알파 세대는 어떻게 활용하고 있을까? 교육 속에서, 창의적인 작업 속에서, 친구들과 소통할 때, 게임을 할 때, 그들의 삶 속의 다양한 활동 안에서 AI의 역할은 새로운 세대의 문화 형성에 분명히 영향을 미치고 있다.

AI와 MBTI?

## 개인 맞춤형 교육으로의 변화

2008년 미국의 '21세기기술을위한파트너십(Partnership for 21st Century Skills)'은 4개의 미래 핵심 역량을 발표했다. 캐나다 토론토대 명예교수인 마이클 폴란(Michael Pollan)은 이에 2가지 특성을 더한 6가지의 미래 핵심 역량을 강조했다. 이는 비판적 사고, 의사소통, 협력, 창의력, 그리고 시민의식과 인성이다. 이 6가지 역량은 모두 소프트 스킬(Soft skill)에 속한다. 소프트 스킬은 자신과 타인의 상호작용에 개입하는 기술을 가리킨다. 20세기 교육에서 중요하게 여겼던 학력, 기술력, 자격증 보유 스펙과 같은 하드 스킬(Hard skill)보다 21세기의 디지털 기술 발전에 따른 소프트 스킬이 교육 커리큘럼 혁신에 영향을 미치고 있다.

6가지 역량을 기르기 위해 교육 분야에서는 개인 맞춤형 교육의 중요성이 강조되고 있다. 기존의 교육 방식과 달리 개인 맞춤형 교육은 학생의 개별적 요소에 초점을 맞춰 AI와 차별화한 상상력 기반의 창의성과 비판적 사고 및 문제 해결 능력을 기를 수 있게 한다. AI 기반 학습 도구는 개별 학습자의 학습 과정을 수집하며 데이터베이스를 쌓아 학생들의 다양한 질문을 해결함으로써 교사의 직무를 돕는다. 개인 맞춤형 교육의 학습 도구는 교사를 대체하지는 않지만, 교사가 학생들의 학습 상황을 더 자세하게 파악할 수 있게 해 능률을 높여 준다. 또 학생들이 자발적으로 자신의 목표 달성에 크고 작은 결정을 내릴 수 있게 데이터와 전략을 제공하며 학생들의 자율성과 자기주도학습 능력을 향상한다.

개인 맞춤형 교육에 초점을 맞춘 에듀테크(Edutech, Edtech)의 발전 속도는 가히 놀랍다. 에듀테크는 '교육(education)'과 '기술(technology)'의 합성어이며, 교육에 기술을 접목한 것을 의미한다. 에듀테크는 온라인 학습 플랫폼, AI 기반 학습 분석 도구, 가상 및 증강 현실을 이용한 학습 등 다양한 기술을 활용하여 교육의 접근성을 높인다. 또한 학습자 맞춤형 교육을 제공하는 것에 중점을 두고 각 나라에서 빠르게 발전하고 있다. 이미 미국과 유럽에서는 에듀테크를 공교육에 사용하고 있으며 알파 세대에게는 익숙한 기술이 되고 있다. 2024년에 세계 최대 규모의 에듀테크 박람회 기관인 BETT(British Educational Training and Technology)와 에듀테크 콘퍼런스 기관인 ISTE(International Society for Technology in Education)는 AI 활용 증가, 학생들의 웰빙, 교사의 에듀테크 역량 제고 등을 주요 키워드로 삼으며 AI의 중요성과 학생들의 역량 개발에 초점을 두고 있음을 시사했다.

한국도 2025년부터 AI 디지털 교과서를 시행한다고 발표하며 정부의 AI 기반 학습 도구의 적극적 사용 의사를 표명하였다. 교육부와 산업통상자원부가 주최하고 정보통신사업진흥원, 대한무역투자진흥공사, 한국디지털교육협회, 한국에듀테크산업협회가 주관하는 아시아 최대 규모의 교육 기술 박람회인 '2024 에듀테크 코리아 페어'에서 상당한 기술력을 보이는 각종 프로그램이 소개되었다.

## AI 기반 학습 도구의 역할

AI를 활용한 여러 가지 학습 도구들이 개발되면서 다양한 학습 유형과 방법들이 온라인으로 제공되고 개인 맞춤형 기반 교육 시스템이 자리를 잡고 있다. 팬데믹을 거치면서 온라인 교육의 필요성이 대두됨에 따라 온라인 교육 관련 디지털 기술이 발전하면서 AI를 탑재한 개인 맞춤형 학습 플랫폼들이 늘어나고 있다. AI 기반 학습 프로그램들은 개개인의 학습 스타일과 진도에 맞춘 개인 맞춤형 커리큘럼을 제공하고 학생들의 학습 패턴을 분석함과 동시에 각자에게 적합한 교육 콘텐츠와 학습 경로를 제공한다. 이는 선생님들에게도 도움이 된다. 일대일 수업이 현실적으로 불가능한 공교육 시스템에서 AI 기반 학습 도구들은 선생님이 학생을 개인별로 교육할 수 있게 도와주며 학생들 또한 장소와 시간에 구애받지 않고 AI 기반 플랫폼에 질문하고 피드백을 받을 수 있다.

대표적인 AI 기반 학습 프로그램으로는 미국의 '드림박스 러닝(DreamBox Learning)', '알렉스(ALEKS)', '칸 아카데미(Khan Academy)', '스마티 안츠(Smarty Ants)', '프로디지 매스(Prodigy Math)', '듀오링고(Duolingo)' 등이 있다.

드림박스 러닝, 알렉스, 칸 아카데미는 미국의 많은 학교에서 광범위하게 사용되고 있다. 드림박스 러닝은 초등학생과 중학생 대상 프로그램이며 수학 교육의 보조 도구로 사용된다. 게임 기반의 인터페이스로 학습의 흥미를 증대시키는 장점이 있다. 알렉스는 고등학생과 대학생 대상으로 수학, 과학, 비즈니스 중심으로 구성되어 있다. 적응형 학습 시스템으로 학생의 이해도에 기반을 두고 맞춤형 문제를 제공해 개인 맞춤형 학습 경로와 강력한 분석 기능으로 학습 진행 상황을 확인할 수 있다.

칸 아카데미는 빌 게이츠(Bill Gates)가 극찬한 것으로 유명하며 전 연령을 대상으로 수학, 과학, 역사 등 다양한 과목을 다룬다. 무료 온라인 학습 자료를 제공하기에 많은 교사가 활용한다. 다양한 주제의 영상 강의와 연습 문제로 AI 기반 스타일뿐만 아니라 다양한 학습 스타일을 지원한다.

스마트 안츠와 듀오링고는 게임 기반의 언어 관련 학습 도구이며 스마트 안츠는 특히 유아와 초등학교 저학년 대상 프로그램이다. 흥미로운 콘텐츠로 학습에 대한 동기 부여를 하는 것이 장점이다. 듀오링고는 현재 전 세계 1억360만 명이 사용 중이다. 프로디지 매스 또한 게임 기반의 프로그램이며 수학 교육 보조 도구로서 학교보다는 학생들이 개별적으로 많이 사용하는 편이나. 실시간 진척도 분석으로 개인별 맞춤 피드백이 제공된다.

현재 한국의 에듀테크 시장은 미국만큼은 아니어도 성장세에 있음은 분명하다. 아직 공교육인 학교에서 널리 채택되지는 않았지만 일부 학교와 학원에서 사용되기 시작하고 있다. 국내 AI 기반 학습 프로그램은 '웅진씽크빅 스마트올', '똑똑 수학 with RISU', 'AI 마타 수학', '캐치잇 잉글리시', '콴다' 등이 있다.

웅진씽크빅 스마트올은 초등학생과 중학생 대상으로 국어, 수학, 영어 등 다양한 과목을 다룬다. 학생의 이해도에 맞춘 다양한 콘텐츠와 개인 맞춤형 학습 경로를 제공한다. 웅진씽크빅 스마트올은 초등학생들의 학습 격

차를 최소화하고자 공교육 전용으로 개발해 무상 제공하고 있으며 '2024 에듀테크 코리아 페어'에서 교육부장관상을 받아 발전 가능성을 보였다.

똑똑 수학 with RISU, AI 마타 수학, 콴다는 초등학생과 그 이상을 대상으로 수학을 주요 과목으로 다루는 프로그램이다. 특히 콴다는 학생이 질문을 사진으로 업로드하면 풀이를 제공하는 기능이 있어 편리하고 빠르게 문제 해결이 가능하다. AI 마타 수학은 전국 누적 1400여 개 학교에서 사용하는 등 공교육 AI 수학 교육 플랫폼 점유율 1위를 기록했다.

이주호 사회부총리 겸 교육부 장관은 2025년에 교육부가 시행하는 AI 디지털교과서가 미국의 알렉스와 유사한 기능을 갖출 전망이라고 밝혔다. AI 디지털교과서의 도입은 국내 에듀테크 시장이 한 단계 더 성장할 수 있는 계기가 될 것이다. 또한 단순 지식 전달 기능과 기계적으로 문제 풀이했던 과거 교육 방식에서 벗어나 개념을 이해하고 스스로 자율성을 갖고 본인만의 학습 목표에 다가갈 수 있도록 하며 암기식 수업을 탈피할 계기가 될 것이다.

알파 세대는 AI 기술을 기반으로 한 학습 도구로 자신의 잠재력을 최대한 발휘할 수 있게 교육받고 있어 교육 현장에서 AI의 역할은 점점 더 커지고 있다. 이에 알파 세대는 다른 세대보다 한층 더 창의적이고 비판적인 사고력을 키울 기회를 받고 있다.

## 누구나 접할 수 있는 창의적 작업

오랜 기간의 훈련과 전문적인 지식에 기반을 두어야만 가능했던 예술 작업이 AI를 탑재한 여러 프로그램들을 통해 누구나 손쉽게 접할 수 있게 되었다. 미술, 디자인, 작곡, 글쓰기, 영상 제작 등 다양한 창작 분야에 진입하는 벽이 낮아지고 있다.

AI 기반의 예술 작품 생성 도구인 '달리(DALL · E)'와 '아트브리더(Artbreeder)'는 새로운 창작 방법을 제공해 텍스트 입력이나 간단한 이미지 활용으로 독창적인 예술 작품을 생성할 수 있다. 이는 전통적인 예술 창작에 비해 쉬운 접근성을 제공해 알파 세대 예술가들의 창의성을 자극한다. '앰퍼 뮤직(Amper Music)', '에이바(AIVA)'와 같은 AI 음악 생성 도구는 음악적 아이디어를 빠르게 구현할 수 있도록 도와준다. AI 알고리즘을 통해 사용자가 선택한 스타일, 무드, 악기 조합에 따라 음악을 생성하며, 음악적 지식이 미비한 일반인도 다양한 음악적 경험을 할 기회를 제공한다. 알파 세대는 복잡한 화성학을 알지 못

하더라도 간단한 멜로디부터 복잡한 화성이 들어간 곡을 작곡할 수 있는 디지털 환경에 친숙하다.

AI는 알파 세대의 다양한 창의적 작업에 필수 요소로 자리 잡고 있으며, 이들 세대가 디지털 플랫폼을 통해 창의력을 발휘하고 성과를 구현할 수 있는 무한한 가능성을 제공한다. 비록 윤리적인 문제와 악용 사례에 대한 깊이 있는 논의와 규제는 반드시 필요하다. 창의성과 독창성을 담보로 하는 예술 분야는 저작권을 보호받는 일이 매우 중요하다. 이를 위한 체계적이고 미래지향적인 법률이 제정되고 프로그램 지침 또한 규정되어야 한다. AI에 의존하여 창의성을 잃는 것이 아니라, AI를 도구로 창의성을 끌어내는 것이 미래 알파 세대가 해야 할 일이다.

## 가상 세계 속 그들만의 커뮤니티 형성

알파 세대는 가상 세계에서의 사회적 관계를 그 어떤 세대보다도 중요하게 생각하며 활동한다. 대면하며 대화하는 것보다 온라인상의 대화를 더 선호하며 더 나아가 아바타를 만들어 가상 세계에서의 새로운 사회적 관계를 형성한다.

'인스타그램(Instagram)', '페이스북(Facebook)', '틱톡(TikTok)' 등의 소셜 네트워크 서비스(SNS, Social network service)는 AI 기반의 콘텐츠 추천 시스템을 도입하여 사용자로 하여금 선호하는 콘텐츠를 더욱 쉽게 찾을 수 있게 도와준다. 이는 관심사가 비슷한 사람들끼리 연결해 주는 기능을 하고 알파 세대와 Z세대는 이 시스템에 매우 익숙하다. VR챗(VRChat)'과 '포켓몬 GO' 같은 가상 및 증강 현실 플랫폼은 AI를 통해 사용자들이 가상의 환경에서 물리적 거리에 구애받지 않고 세계 각지 사람들이 상호작용하게 한다. 또한 '제페토'와 같은 플랫폼은 AI를 활용해 사용자들이 개성 있는 아바타를 창조할 수 있으며 이를 활용해 다양한 가상공간에서 사회 활동을 할 수 있다.

알파 세대에게 게임은 매우 중요한 트렌드가 되었다. 〈포트나이트(Fortnite)〉, 〈로블록스(Roblox)〉 같은 게임은 AI와 머신러닝 알고리즘을 사용해 게임 내 경험을 개인화하며 〈마인크래프트 교육 버전(Minecraft Education Edition)〉은 AI를 활용하여 교육적 요소를 제공하는 게임으로 창의적 문제 해결과 협업을 통해 학습을 촉진한다.

## 참고문헌

권혁진(2024.9.26). 웅진씽크빅 '스마트올 AI 학교 수학', 교육부장관상 수상. ≪뉴시스≫,

https://www.newsis.com/view/NISX20240926_0002899783
김경윤(2024.10.16). 네이버웹툰 '사용자 1억명' 美학습플랫폼 듀오링고와 파트너십. ≪연합뉴스≫, https://www.yna.co.kr/view/AKR20241016063500005?input=1195m
박재현(2013.6.17). Khan Academy를 아시나요?. ≪내일신문≫, https://n.news.naver.com/mnews/article/086/0002159441?sid=102
안재현(2024). 『공부만 잘하는 아이는 AI로 대체됩니다』. 카시오페아.
이대현 · 정민정(2024.10.9). [인튜브의 에듀테크 이야기] RAG와 에듀테크 교육 서비스. ≪위메이크뉴스≫, https://wemakenews.co.kr/news/view.php?no=20188
이재호 외(2020). 『Teaching AI: 인공지능 학습을 위한 뉴 프런티어의 탐구』. 홍릉.
이호승(2023.2.26). 미리 보는 AI 디지털교과서… 개념정리 · 문제풀이에 취약점 분석까지. ≪뉴스1≫, https://www.news1.kr/society/education/4963970
장희주(2024.9.24). [2024 에듀테크 코리아 페어] "요즘 수학이란 이런 것"… 수학 AI 코스웨어 브랜드 3곳. ≪조선에듀≫, https://edu.chosun.com/site/data/html_dir/2024/09/24/2024092480256.html
정민정(2024.10.9). [인튜브의 에듀테크 이야기] RAG와 에듀테크 교육 서비스. ≪위메이크뉴스≫, https://wemakenews.co.kr/news/view.php?no=20188
정지원(2024.4.1). 미래 고객 모셔라… 시중은행 '잘파(Z세대+알파세대)' 마케팅 열풍. ≪녹색경제신문≫, https://www.greened.kr/news/articleView.html?idxno=313130

McCrindle et al. (2023). *Generation alpha: Understanding our children and helping them thrive.* Hachette Australia. 허선영 옮김(2023). 『알파의 시대』. 더퀘스트.

Prensky, M. (2023). *Empowered!:Re-framing 'growing up' for a new age.* EAI Press. 허성심 옮김(2023). 『세상에 없던 아이들이 온다』. 한문화.

## 03
## 메타버스에 대한 이해

코로나19로 인한 전 세계적 팬데믹은 비대면 문화를 촉진하였고 동시에 메타버스에 대한 대중의 관심도를 높였다. 알파 세대는 메타버스 기반 플랫폼을 통해 사회적 상호작용을 하고 그 속에서 새로운 역량을 개발해 나가고 있다. 알파 세대를 제대로 알고 싶다면 우선 메타버스의 개념을 이해하는 것이 필요하다.

AI와 난임 극복?

## 새로운 관점을 요구하는 디지털 공간

가상 세계 공간을 제공하는 메타버스(Metaverse) 기술은 더 이상 영화 속에 존재하는 먼 미래의 이야기가 아니다. 2020년 전 세계적 팬데믹으로 비대면 문화가 확산했고 이에 따라 메타버스는 여러 분야에서 주요 키워드로 자리 잡았다. 사회적 위기 속 기회를 잡은 메타버스 시장의 규모는 점점 커지게 되었다. 특히 2021년 유럽에서 메타버스 관련 1만 명의 인력을 고용하는 계획을 발표하고 페이스북(Facebook)이 회사명을 메타(Meta)로 변경하면서 메타버스는 전 세계의 주목을 한층 더 이끌었다.

알파 세대는 이러한 메타버스를 그 어느 세대보다 유연하게 활용하고 있다. 메타버스는 그야말로 이제까지 생각하지 못했던 새로운 관점을 요구하는 디지털 공간이다. 연속성, 연결성, 실재감, 실시간 등의 특징이 두드러진 메타버스는 알파 세대가 형성해 가고 있는 문화와 사회에 영향을 미치고 있다. 앞으로 메타버스 기술은 더욱 발전할 것이며 알파 세대는 그것에 노출되고 경험하며 살아갈 것이다. 그들의 일상생활에서 많은 부분을 차지하게 될 메타버스를 이해하는 것은 현시대의 모든 세대에게 중요한 숙제다.

사용자이면서 동시에 제작자가 될 수 있는 시스템의

메타버스는 앞으로 알파 세대가 키워나가야 할 역량에 영향을 미칠 것이며 가장 친숙해져야 할 개념이 될 것이다. 그저 게임이나 소셜 네트워크 플랫폼으로서 한 분야가 아니라 다양한 분야에 적용될 기술이며 알파 세대가 살아가는 세상에서 빼놓을 수 없는 주류 기술이 될 것이다. 이미 메타버스 비즈니스는 날로 발전하고 있고 관련 연구와 저서는 점점 늘어나고 있다. 메타버스로 공간 인식이 달라지고 있으며 출근, 구매, 여가 등 삶이 변화함에 따라 그에 걸맞은 규제 정책과 법 제도의 변화 또한 필요하다.

## 메타버스란 무엇인가?

메타버스는 '초월'을 뜻하는 '메타(Meta)'와 '세계'를 뜻하는 '유니버스(Universe)'의 합성어로, 현실을 초월하는 가상의 세계를 의미한다. 2010년대에 들어서며 급속도로 발전한 컴퓨터, 스마트폰, 태블릿PC, 게임기 등 다양한 기기를 통해 전 세계 사람들은 온라인 속 가상공간에 동시 접속할 수 있게 되었다. 전 세계가 실시간으로 상호작용이 가능한 사회로 발전함에 따라 가상 현실과 현실 세계가 융합된 새로운 형태의 디지털 생태계로 진화하였다. 메타버스는 현실의 나 자신을 대신할 온라인 속 아바타(Avatar)를 통해 디지털 세상 속에서 타인과 소통하고 커뮤니티를 형성하여 상호작용할 수 있는 환경으로 사용자에게 물리적인 한계를 넘는 경험을 제공한다.

2006년도에 미국의 비영리 기술 연구단체인 ASF (Acceleration Studies Foundation)에서 메타버스를 다음과 같이 크게 4가지의 형태로 구분하였다.

· 증강 현실(Augmented Reality, AR) : 현실 세계에 디지털 정보 및 효과를 입히는 기술

예: 2017년 출시된 모바일 게임 '포켓몬 GO'

· 가상 세계(Virtual Worlds) : 컴퓨터가 생성한 순수 디지털 공간, 몰입도를 위해 VR 헤드셋과 같은 장비 사용 필요

· 라이프 로깅(Life Logging) : 개인의 활동, 경험 등을 디지털 형태로 기록, 개인 맞춤형 서비스 및 콘텐츠

예: 스마트워치와 건강 관련 애플리케이션

· 거울 세계(Mirror Worlds) : 현실 세계를 가상 세계에 디지털로 구현한 기술, 현실 세계 속 객체를 실시간으로 시각화하고 분석

## 메타버스의 특성

알파 세대가 나타나기 시작하고 AI가 급속도로 발전하

며 메타버스의 개념, 요소, 특징 등에 대한 확장 또한 이뤄지고 있다. 증강 현실(Augmented Reality)은 가상 현실(Virtual Reality)과 혼합 현실(Mixed Reality) 등 다른 몰입형 기술들과 함께 확장 현실(XR, Extended Reality)이라는 용어에 포함되었고 이는 메타버스의 주요 구성 요소다. 확장 현실은 메타버스 내의 사용자가 가상 환경에 대한 몰입성을 높이기 위한 필수 기술이다. 메타버스에서 지속적인 몰입감은 매우 중요한 특성이다. 현실감, 실재감, 현존감 등 현실 세계와 최대한 비슷하게 느껴지는 경험이 있어야 사용자의 지속적인 사용이 가능하다. 사람의 시각 시스템을 모방하여 이미지와 영상을 인식하며 현실감 있는 가상 환경을 구현하는 컴퓨터 비전(CV, Computer vision)과 같은 기술은 메타버스 내의 현실감을 높여준다. 마치 실제로 가상 세계 안에 들어간 것 같은 현존감을 높여 즉각적 몰입을 가능케 만든다면 메타버스의 발전은 더 가속도가 붙을 것이다.

메타버스는 현실 세계와의 연결성을 강조하는 특징을 갖고 있으며 이를 통해 사용자의 경험을 확장하여 현실 세계에서는 불가능한 일들을 메타버스 내에서 수행할 수 있다. 상황이나 공간적으로 대면 회의가 불가능하거나 직접 체험할 수 없는 교육 현장 등을 예로 들 수 있다.

이를 수행할 때 현실 세계에서 측정된 라이프 로깅 데이터를 기반으로 가상 세계의 아바타와 현실 세계 속의 자신을 연결해 메타버스 안에서 사회적, 경제적 활동이 가능하다. 사용자 경험을 확장하는 환경 속에서 시간과 장소를 초월해 경계를 허물어 내는 메타버스의 기능은 연속성의 특징을 나타내기도 한다. 5G나 6G와 같은 미래의 모바일 네트워크 기술은 이러한 연속성을 지원하고 빠른 데이터 전송 속도를 통해 지연 없는 실시간 상호작용을 도와줄 것이다.

알파 세대는 이러한 지속적이고 동시적인 연결성을 통해 타인과의 소통을 강화하고 다양한 정보와 경험을 함께 공유하여 메타버스 내 사용자 간의 상호작용을 강화한다. 메타버스를 통해 전 세계에 실시간으로 연결이 되면서 사용자 간의 상호작용은 새로운 형태의 공동체 형성을 촉진한다. 아바타를 통해 가상공간에서 타인과 소통하고 그 과정에서 AI의 기술은 개인의 행동 패턴을 분석해 맞춤형 서비스와 경험을 제공한다.

디지털 자산의 소유권을 증명하고 거래를 안전하게 처리할 수 있는 기술인 블록체인 및 NFT(Non-Fungible Token)의 발전은 메타버스 내의 경제 시스템을 체계적이고 안전하게 하는 주요 요소로 자리 잡고 있다. 블록체인 기술은 메타버스 내에서 다양한 플랫폼과 서비스 간의 원활한 통합을 가능하게 하는 상호 운용성을 지원한다. 상호 운용성은 서로 다른 플랫폼 간에 정보나 데이터 및 기능을 공유하고 상호 작용하는 능력을 의미한다. 예를 들어, 하나의 애플리케이션에서 페이스북, 트위터, 인스타그램 계정에 로그인하여 간편하게 데이터를 공유할 수 있다. 이는 사용자들로 하여금 자신이 생성한 콘텐츠를 여러 플랫폼에서 자유롭게 사용할 수 있게 하면서, 창작에 대한 더 큰 자율성을 갖게 한다. 상호 운용성의 특징은 폭넓은 사회적 연결망과 경제적 기회를 제공한다.

메타버스는 창작자 중심의 경제 시스템을 구축해 나가고 있다. 사용자들이 가상공간 내의 아바타, 환경, 아이템 등을 직접 디자인하고 제작하고 콘텐츠를 생성하며 경제적 가치를 실현할 수 있다. 이는 현실 세계와 다르게 메타버스 내 공급자와 소비자 간의 거리가 줄어들고 누구나 생산자이면서 소비자가 될 수 있는 특징을 두드러지게 보여 준다. 사용자가 창작한 콘텐츠는 메타버스의 창의성을 촉진하고 개인화된 경험을 제공한다. 특히 AI를 활용한 창작 도구들을 통해 사용자가 효율적으로 작업을 수행하고 콘텐츠 제작 과정을 간소화하여 더 많은 사람이 창작에 참여하도록 유도한다. 경제성이 감소한다면 메타버스에 대한 대중의 관심 또한 감소하게 될 것이다. 메타버스 내의 경제 시스템의 발전은 메타버스의 발전에 필수다.

## 게임 & 소셜 플랫폼, 알파 세대의 놀이터

알파 세대는 메타버스 기반 프로그램들을 놀이터 삼아 또래들과 함께 성장해 나간다. 특히 게임 관련 플랫폼들은 소셜 네트워크 플랫폼의 특징을 갖춰나가며 Z세대와 알파 세대가 그 안에서 그들만의 커뮤니티와 문화를 형성해 가는 데 큰 몫을 하고 있다.

2006년에 출시된 게임 플랫폼인 〈로블록스〉는 1세대 메타버스로서 가장 오랫동안 대중적으로 인기가 있다. 로블록스의 사용자 수는 월 1억6400만 명 이상으로 2021년 5월에는 최대 동시 접속자 570만 명을 기록했다. 사용자가 생성한 콘텐츠를 중심으로 한 대규모 온라인 플랫폼으로 전 세계적으로 수백만 명의 사용자가 게임을 만들고 함께 플레이한다. 2016년부터 VR 버전이 출시되어 VR 및 감지 장치를 활용하여 가상 현실의 실재감을 높였다. 많은 수의 사용자가 존재함에 따라 그만큼 다양한 콘텐츠가 제작되어 여러 가지 장르의 게임을 경험할 수 있으며 아이템 및 화폐 거래 시스템이 존재하여 수

익 창출이 가능하다.

'포트나이트'는 에픽 게임즈에서 개발한 배틀로얄 게임 플랫폼이자 가상 이벤트와 콘서트의 무대를 제공하는 소셜 네트워크 플랫폼으로 알려져 있다. 미국의 유명 래퍼인 트래비스 스콧(Travis Scott)의 콘서트 성공에 이어 아리아나 그란데(Ariana Grande), 마시멜로(Marshmello), 메탈리카(Metallica) 등의 콘서트가 흥행했고 오프라인 콘서트보다 높은 수익을 창출했다. 방탄소년단의 대표곡인 '다이너마이트(Dynamite)'의 댄스 뮤직비디오 버전 또한 포트나이트에서 최초 공개한 바가 있다. 한국콘텐츠진흥원에 따르면 미국 10~17세 청소년의 약 40%가 매주 한 번 이상 포트나이트에 접속한다고 한다. 10대들에게 포트나이트와 같은 메타버스 기반 플랫폼은 이제 그들의 문화 아이콘이 되었다.

'마인크래프트(Minecraft)'는 2011년 출시 이후 여전히 전 세계적으로 큰 인기를 얻고 있다. 이 게임은 사용자가 블록으로 구성된 3D 환경에서 다양한 활동을 하며 자신만의 세상을 만들고 다양한 게임 모드를 설정할 수 있는 강력한 사용자 생성 콘텐츠 기능을 제공한다. 사용자들은 창의력과 상상력을 발휘하여 자신만의 구조물과 환경을 만들 수 있다.

한국의 '제페토(Zepeto)'는 네이버 Z에서 개발한 스마트폰 전용 메타버스 서비스를 제공하는 소셜 네트워크 플랫폼으로, 사용자가 자신의 아바타를 꾸미고 다양한 가상공간에서 타인과 상호작용한다. 특히 10대를 중심으로 높은 영향력과 점유율을 보인다. 한국 이외의 다양한 국가에서도 인기를 끌고 있다.

2017년에 출시된 'VR챗(VRChat)'은 사용자가 가상 현실 공간에서 아바타를 통해 다른 사용자와 상호작용할 수 있는 소셜 네트워크 플랫폼이다. VR 헤드셋을 사용하는 사용자와 일반 컴퓨터 사용자 모두에게 접근할 수 있는 서비스이며 다양한 커뮤니티와 콘텐츠를 통해 사회적 상호작용 경험을 제공한다.

알파 세대는 더 이상 오프라인의 사회관계에만 얽매이지 않고 온라인으로 다양한 사람들과 교류하며 살아간다. 이는 다른 세대도 마찬가지이지만 알파 세대는 태어난 순간부터 이 생태계를 경험한다는 것에 큰 의미가 있다. 상호작용의 방식과 교류의 형식에 있어 다른 세대의 새로운 관점과 이해가 필요하다.

### 참고문헌

김용석(2024.9.6). 알파세대 놀이터에서 팬데믹 대체재로 급부상…

돈 · 사람 몰리며 가능성 '고평가'. ≪이지경제≫, https://www.ezyeconomy.com/news/articleView.html?idxno=202325
류지헌 외(2023). 『디지털 시대의 메타버스와 교육』. 박영story.
우탁 외(2022). 『메타버스의미래, 초실감 기술』. 경희대학교 출판문화원.
이덕주(2023.1.5). 사용자 충성도 · 생태계 어마어마한 'VR 챗' ... VR 헤드셋 끼고 접속 … '레디 플레이어 원' 구현. ≪매일경제≫, https://www.mk.co.kr/news/economy/10594934
최재용 · 진성민(2021). 『눈 떠보니 메타버스 마스터』. 광문각.
Toshiyuki, H.(2023). *Zukai maruwakari metaverse no shikumi.* SHOEISHA Co.. 김은철 · 유세라 옮김(2023). 『그림으로 배우는 메타버스』. 영진닷컴.

## 04
## 챗GPT 활용에 대한 대비

챗GPT의 등장은 기존의 AI에 대한 인식을 완전히 바꿔놓는 계기가 되었다. 일반인과 AI는 한층 더 가까워졌고 다양한 분야에 적용되고 있다. 챗GPT의 기술로 인간 고유 능력의 필요성이 더욱 두각을 나타내고 있다. 챗GPT와 함께하는 미래를 위해 알파 세대가 키워야 할 역량은 비판적 사고력, 문제 해결 능력, 인문학적 상상력을 기반으로 한 창의력, 토론 능력, 협업 능력 등이다.

AI와 사주?

## 챗GPT의 등장이 가져온 변화

2022년 11월 30일 미국의 '오픈AI(OpenAI)'가 개발한 AI 챗봇인 '챗GPT-3.5(Chat Generative Pre-trained Transformer 3.5)'가 세상에 공개되자 AI 시장에 혁신의 바람이 불었다. 일반인도 쉽게 사용할 수 있는 챗GPT의 등장은 AI에 대한 인식을 바꿔놓았고 여러 분야에서 주요 키워드가 되었다.

오픈AI는 2015년 12월 일론 머스크(Elon Musk), 그레그 브로크먼(Greg Brockman), 샘 올트먼(Sam Altman) 등이 AI 기술의 발전을 위해 설립한 비영리법인 연구소다. 2019년부터는 '마이크로소프트(Microsoft)'와 파트너십을 맺고 현재까지 130억 달러(약 19조1800억 원)가 넘는 금액을 투자받았으며 현재 영리법인으로 전환하는 과정이다.

오픈AI는 2018년에 GPT-1 출시를 시작으로 2019년에 GPT-2, 2020년에 GPT-3, 2022년에 GPT-3.5를 출시했고 2023년 3월 14일에는 더욱 강력해진 GPT-4 모델을 발표하며 AI 시대에 큰 영향을 미치고 있다. 2022년에 챗GPT가 출시되었을 때 5일 만에 100만 명의 사용자를 기록했고 이는 3년 6개월 걸린 '넷플릭스(Netflix)', 2년 6개월 걸린 '에어비앤비(Airbnb)', 10개월 걸린 '페이스북

(Facebook)'과 비교했을 때 가장 빠른 기록이다. 출시 2주 후에는 200만 명, 두 달 만에 월 사용자 1억 명을 돌파했다. '틱톡(TikTok)'과 '인스타그램(Instagram)'은 각각 월 사용자 1억 명을 돌파하는 데 9개월, 2년이 걸렸다.

챗GPT는 생성형 AI의 대표적 모델인 대규모 언어 모델(LLM, Large Language Model) GPT 기술을 기반으로 해 자연어 처리 기술을 바탕으로 인간과 유사한 형태로 대화할 수 있다. 대규모 텍스트 데이터를 기반으로 사전에 학습된 모델로 다양한 언어 패턴, 문맥, 단어 의미 및 관련성을 학습해 적절한 답변을 생성한다. GPT-4는 텍스트 외에도 이미지까지 인식하는 복합 정보 처리(멀티모달, Multimodal) 모델이며 사진과 텍스트를 결합한 질문도 이해하고 답변할 수 있게 발전하였다(김경윤, 2024).

'구글', '네이버', '카카오' 등 여러 기업도 AI 챗봇을 출시하여 사용자를 보유 중이며 건강 AI 챗봇, AI 여행 플래너 등 여러 세부 분야에 특화된 AI 챗봇 서비스가 계속 대중에게 소개되고 있다. 스마트폰이 이제는 일상의 일부분이 되었듯이 AI 챗봇 또한 우리 일상의 필수 도구로 자리 잡을 것이 분명하다. 챗GPT를 활용하는 능력은 미래를 대비하기 위해 필수이며 이에 따라 챗GPT를 올바르게 활용하기 위해 갖춰야 할 역량들을 알아본다.

## 비판적 사고와 문제 해결 능력 개발

챗GPT를 활용할 때, 문제에 대한 비판적 사고를 하는 능력과 문제를 해결하는 능력은 AI 시대에 습득해야 할 필수 역량이다. 이 역량들은 챗GPT가 제공하는 정보의 신뢰성과 편향성을 평가하고 실제 상황에서 일어나는 문제를 효율적으로 해결하는 데 중대한 역할을 한다. 인간이 하던 자료 조사, 문서 작성, 지식의 습득 등의 일을 챗GPT가 대신 할 수 있는 AI 시대에 인간만이 할 수 있는 역량을 찾아 개발하는 것은 주요 생존 전략이다. 챗GPT를 도구로 최대치의 능력을 끌어올려 사용할 수 있는 역량을 갖춰야 한다.

비판적 사고는 정보를 수집, 분석, 평가하고 정교한 결론을 도출하는 사고 과정이다. 챗GPT는 대량의 데이터를 기반으로 답변을 제공하지만, 사용자는 그 결과를 단순히 수용하고 의존하기보다 그 신뢰성과 유용성을 검토할 필요가 있다.

비판적 사고를 하기 위해서는 우선 개념적 지식 기반의 판단력을 갖춰야 한다. 이 판단력은 특정 분야나 주제에 대한 개념과 원리를 이해하고 규칙과 관계 분석으로 문제를 판단하는 능력을 말한다. 챗GPT는 사실관계가 불분명하거나 편향적인 정보도 흡수하여 학습한다. 이는 사용자에게 제공하는 답변에 편향적이거나 부정적인 영향을 미칠 수도 있다. 따라서 사용자는 지식을 체계적으로 학습하고 다양한 자료를 수집 · 분석하여 개념적 지식 구조를 갖는 사고력을 형성해 가는 것이 필요하다. 이는 독서, 강의 수강, 세미나나 포럼 참여 등 다양한 수단으로 증진해 나갈 수 있다. 챗GPT가 제공하는 답변을 논리적 추론으로 문제의 대안을 모색하고 비교 분석 후에 최선의 결정을 하는 것이 바람직하다.

전상훈과 최서연은 이를 위해 '빅픽처 바인딩 훈련(Big Picture Binding Training)'을 제시했다. 이는 정보를 수집하고 알맞게 통합하여 더 새로운 가치를 창출하고 그 위에 또 다른 정보를 엮어내어 또 다른 새로운 가치를 창출해 내는 과정이다(전상훈 · 최서연, 2023). 챗GPT가 제공한 답변에서 주요 키워드를 찾아내 그것에 새로운 키워드를 추가 질문을 한다. 이 질문에 제공된 답변에서 또다시 키워드를 뽑아내고 이것을 연결해 새로운 질문을 한다. 이 과정을 여러 번 반복하여 답변의 전체적 흐름을 살피고 정확도와 완성도가 높은 답변이 나오도록 방향을 잡는다. 무엇을 얻고자 하는지 질문에 대한 큰 그림(빅픽처, Big Picture)을 그리고 단편적인 정보인 키워드에 대한 본질을 파악한 후 새로운 정보의 또 다른 키워드를 연결하여 전체 줄거리 흐름을 구성하며 훈련을 더욱더 강화할 수 있다. 이처럼 빅픽처 바인딩 훈련으로 챗GPT를 활용하면서 끊임없이 비판적 사고력을 확장 시킬 수 있다. 챗GPT를 이용해 여러 정보를 융합하는 능력은 실용적인 지식이자 AI 시대에 생존할 필수 전략이다.

따라서 문제를 해결하는 능력을 갖추기 위해서는 개념적 지식 기반의 판단력으로 문제의 원인을 파악하고 비판적 사고력과 함께 문제 발생의 상황을 자세히 관찰 · 분석해야 하며 빅픽처 바인딩 훈련을 통해 적절한 질문을 반복해 알맞은 해결책을 도출해야 한다.

## 인간 고유의 탁월성, 인문학적 상상력

창의적인 문제 인식과 해결 능력을 증진하기 위해서 새로운 관점과 방법을 찾고 혁신적이며 독창적인 아이디어를 구사하는 것이 필요하다. AI의 출현 전, 창의성은 인간 고유의 역량으로 여겨져 왔다. 하지만 AI의 능력이 인간의 창의적 작업을 위협하는 수준에 이르며 AI와의 차별성을 보여 줄 인간만의 특별한 역량이 필요해졌다.

그것은 바로 인간 고유의 탁월성을 나타내는 인문학적 상상력이다. 이를 바탕으로 한 인간의 창의성은 AI의 창의성과 분명한 차이점이 있다. 인간은 상상력을 바탕으로 창의성을 발휘하고 AI는 추론을 바탕으로 한다. 인간의 상상력은 경험하지 않은 것에서 현재에 존재하지 않는 대상을 머릿속으로 그려 보는 능력이며 AI의 추론은 기존에 존재하는 데이터를 기반으로 새로운 답을 생성하는 능력이다.

인문학적 상상력은 인문학적 지식을 기본으로 한다. 인문학적 지식은 문학, 예술, 철학, 종교 등에서 학습, 토론, 활동 등을 통해 얻어진다. 인문학적 지식은 자신만의 경험, 감정, 가치관 등과 함께 자아를 형성해 가는 과정에서 매우 중요한 역할을 한다. 인문학적 지식과 상상력을 결합하면 인간의 삶과 사회, 문화, 예술 등에 대한 상상력이 발달하며 이는 창의성 증진의 바탕이 되는 통찰력을 깊이 있게 만들어 준다. 이 통찰력은 창의적이고 혁신적인 아이디어를 도출하는 결과로 연결된다.

인간의 상상력을 키우기 위해서 깊이 있는 사색과 충분한 휴식은 매우 중요하다. 인문학적 사색을 통해 인간은 자신의 인간성을 발견하고 다양한 문제에 대한 비판적 사고를 통해 혁신적인 아이디어를 도출한다. 인간의 마음과 정신에 관한 연구는 끊임없이 이뤄지고 있으며 이는 특정 상황에서 엄청난 힘을 발휘하기도 하고 부정적 결과를 초래하기도 한다. 휴식은 오직 인간만이 가질 수 있는 요소다. 마음과 정신에 긍정적 영향을 줄 수 있도록 스트레스와 불안을 조절하고 기억과 암기를 넘어서는 고도의 사고를 위해 휴식은 삶에 반드시 필요한 활동이다.

변문경 등에 따르면, "내러티브적 지식은 미래의 핵심 역량으로서 문제 해결 능력이 발휘될 때 필요한 경험을 통해 체득된 지식을 뜻한다. 내러티브적 지식은 단순히 암기를 통해 얻는 지식이 아닌 개인 고유의 경험과 창의성이 담긴 지식으로 그 부가 가치가 상승하고 있다"(변문경 외, 2023). 장 피아제(Jean Piaget)는 "사고란 개인이 스스로 지식을 연결하는 것"이라고 했으며 마이클 폴라니(Michael Polanyi)는 자아를 중심으로 사고를 통합하는 모든 학습적 활동을 '자아 중심적 통합 작용'이라고 했다. 인문학적 상상력을 기반으로 보유하고 있는 지식을 연결하고 학습적 활동에서 자아 중심적 통합 작용을 통해 만들어진 내러티브적 지식은 챗GPT와 차별되는 인간만이 할 수 있는 창의적 문제 인식과 해결 능력을 증진하는 데 핵심 요소다.

## 효과적인 토론 능력과 가치 있는 협업

알파 세대는 다른 세대의 청소년 시기와는 정보 검색의 속도가 차원이 다르다. 챗GPT를 활용하면 원하는 정보를 질문함과 동시에 바로 얻을 수 있다. 이제는 정보를 검색하는 것에 시간을 할애하지 않고 타인과 소통하고 협업해 도출하는 결과물에 한층 더 집중할 수 있다. AI 시대가 시작되는 지금이 소통과 협업의 능력을 향상할 절호의 기회다.

소통과 협업의 능력을 향상하기 위해 토론만큼 유용한 활동이 없다. 특히 인문학적 사고력 증진의 핵심은 토론을 통해 각자의 의견이 다름을 인정하고 받아들이며 식견을 넓혀가는 것이다. 다양한 의견을 공유하고 조합하여 협력을 통해 문제를 해결하는 것은 인간만이 할 수 있는 과정이다. 챗GPT의 정확하지 않은 답변이나 정보의 편향성이 발생하면, 토론으로 다양한 의견을 수렴하고 정확한 정보의 출처를 검증하며 문제에 대한 해결책을 찾는다.

토론 활동은 다양한 사람들과 의사소통과 상호작용을 통해 사고력과 소통 능력을 향상시키고 신뢰성 높은 결론을 도출해 낸다. 의사소통 역량은 읽기, 쓰기, 듣기, 말하기 등의 방식으로 타인과 생각, 가치관, 감정 등을 공유하는 능력을 의미한다. 상대방의 의사를 빠르고 정확하게 간파한 후, 이에 적합한 자신의 의사를 적절한 언어와 태도를 통해 표현하고 대화를 이끌어내는 것이 중요하다. 또한 챗GPT는 대부분 언어를 사용하여 서비스를 제공하기 때문에 의사소통은 챗GPT를 제대로 활용하기 위해서도 중요한 수단이다. 자신이 얻고자 하는 답변을 위해 의도가 명확한 질문을 구성하고 여러 차례의 추가적인 질문과 대화를 통한 의사소통 능력이 필요하다.

## 참고문헌


김경윤(2024.10.16). 네이버웹툰 '사용자 1억명' 美학습플랫폼 듀오링고와 파트너십. ≪연합뉴스≫, https://www.yna.co.kr/view/AKR20241016063500005?input=1195m

김지현 · 최재홍(2023). 『챗GPT 빅 웨이브』. 크레타.

변문경 외(2023). 『ChatGPT: 인공지능 융합 교육법』. 다빈치books.

박은정(2024). 『챗GPT 문화 · 예술 교육 인사이트』. 책바세.

이용호(2023.10.25). 같은 기술 다른 결과, 챗gpt와 Bing에서 인공지능 AI 그림 툴, DALL-E 3 비교. ≪한국강사신문≫, https://www.lecturernews.com/news/articleView.html?idxno=138505

장민(2023). 『챗GPT: 기회를 잡는 사람들』. 알투스.

전상훈 · 최서연(2023). 『챗GPT 질문이 돈이 되는 세상』. 다빈치하우스-미디어숲.

정제영 외(2023). 『챗GPT 교육혁명: ChatGPT를 활용한 하이터치

하이테크 미래교육』. 포르체.
조정연(2023). 『교사와 학생을 위한 챗GPT 완벽 가이드』. 위키북스.
최창희(2023). 『챗GPT 활용 가이드북: 마흔 이후 인생의 전환점에 만나는 AI』. 참출판사.
허정필(2023). 『교육공학자가 제안하는 ChatCPT활용 메타버스기반 혁신교수법』. 교육과학사.
홍지연 · 한의표(2023). 『수업에서 바로 활용하는 챗GPT 교과서』. 생능북스.
Chat GPT Business Reserch group(2023). *Chat GPT 120%. KATSUYOUJUTSU*. 송태욱 옮김(2023). 『5분 뚝딱 챗GPT: 1도 모르는 사람을 위한 챗GPT 입문서』. 북스토리.

## 05
## 디지털 리터러시 교육의 필요성

알파 세대의 삶 속에 깊숙이 스며든 AI 기술은 빠른 속도 발전하며 여러 가지 문제점들이 나타나고 있다. 메타버스나 챗GPT와 같은 디지털 환경 속에서 정확한 정보를 파악하기 위한 문해력과 디지털 및 AI 윤리 의식에 대한 교육의 필요성이 대두되는 상황이다. 건강하고 안전한 디지털 환경을 위해 디지털 리터러시 교육은 필수다.

AI와 아이돌?

## 디지털 리터러시는 왜 필요한가?

디지털 리터러시(Digital Literacy)란 디지털 문해력을 뜻한다. 단순히 컴퓨터나 인터넷을 사용하는 능력을 넘어 디지털 기기와 기술을 효율적으로 사용하여 정보를 검색하고 비판적 사고를 통해 정보의 신뢰성 및 편향성을 평가하며 디지털 플랫폼을 올바르게 활용할 수 있는 능력을 의미한다. 또한 온라인에서의 행동이 나타내는 사회적, 윤리적 의미를 이해하고 적절한 행동, 책임, 권리 등을 인식하여 이를 준수하는 것을 포함하는 포괄적 개념이다(정제영 외, 2023). AI가 급속도로 성장하고 정보의 방대함과 다양화의 산실인 챗GPT가 등장한 이 시대에 디지털 리터러시는 개인이 필수적으로 갖춰야 할 역량 중 하나로 강조되고 있다.

알파 세대는 태어남과 동시에 디지털 환경에 둘러싸여 성장한 첫 세대다. 이들은 IT 기기, 소셜 미디어, 온라인 학습 도구 등을 일상적으로 사용한다. 이러한 디지털 환경 속에서 효과적으로 학습하고 올바르게 상호작용하는 능력은 그들이 앞으로 살아갈 세상에서 더욱 중요하다. 정보 과잉 시대에 가짜 정보를 판별하는 능력은 가히 필수라 할 수 있다. 코로나19로 전 세계가 팬데믹이었던 상태에서, 백신에 마이크로칩이 있다는 등의 허위 정보가 급증하며 대중의 혼란과 불안감을 조성했다. 비판적 사고를 통한 정보 평가 능력은 디지털 리터러시의 핵심 요소로 떠올랐다. 이는 디지털 리터러시 교육을 통해 강화해야 한다.

디지털 플랫폼 활동의 증가로 개인정보 노출 위험도 증가하고 있다. 디지털 리터러시 교육은 자신을 보호하고 안전하게 온라인 활동을 수행하는 방법을 제공한다. 디지털 기술의 발전과 함께 사이버 범죄 기술도 나날이 발전하고 있다. 이를 미연에 방지할 법적 규제나 지침이 만들어져야 하며 대중에게 교육해 범죄를 예방하고 해결해 나가야 한다.

## 디지털 윤리와 책임, 디지털 시민 의식

디지털 윤리와 책임은 디지털 환경에서의 행동과 결정에 대한 도덕적 기준을 제시한다. 어떤 콘텐츠를 공유하고 어떤 행동이 온라인에서 적절한지 이해하는 것은 사이버 괴롭힘 예방 및 온라인 윤리와 관련하여 필수다. 예를 들어, 소셜 미디어에서의 비방으로 인한 연예인들의 극단적 선택, 메신저 단톡방에서 일어나는 조용하지만 잔인한 사이버 괴롭힘, 개인정보 유출로 인한 신상 털기 등은 현 사회에 존재하는 심각한 윤리적 문제다. 이러한 문제를 인식하고 예방하기 위해 디지털 윤리 교육은 디지털 시민 의식 형성의 핵심 역량이 되어야 한다.

디지털 시민 의식은 윤리적 원칙에 따라 타인의 권리를 존중하고, 온라인뿐만 아니라 오프라인까지 긍정적인 영향이 연결되도록 한다. 디지털 시민성은 다양한 인종, 문화, 성별, 나이 등의 차이를 받아들이고 존중하는 태도를 유지하며 디지털 리터러시 역량을 갖춘 시민들이 추구해 나가야 할 가치와 비전을 제시한다. 디지털 시민성의 3가지 핵심 가치는 디지털 안전, 디지털 공존, 디지털 책임이다. 디지털 안전의 가치는 무엇보다 개인정보 보호, 온라인 과몰입 및 의존도 방지, 사이버 폭력 대응이다. 디지털 안전과 관련된 법들이 제정되고 있으며 앞으로도 법적 테두리 안에서 보호받을 수 있는 사회적 제도 마련이 필요하다. 디지털 공존의 가치는 자기 정체성 명확히 파악하고 타인을 존중하며 함께 감정과 경험을 공유하여 협력해 나가는 것이다. 누군가가 소외되거나 차별당하지 않도록 서로를 이해하고 포용하는 사회적 분위기가 중요하다. 디지털 책임의 가치는 정보를 비판적으로 판별해 온라인상의 정보에 대한 무조건적 의존도를 피하고 디지털 윤리 의식에 따른 사회 활동에 적극적으로 참여해 사회적 가치를 함께 창출하는 것이다.

알파 세대는 온라인 행동에 책임이 따르는 것을 이해해야 하며 온라인 공간에서의 행동이 사회에 미치는 영향과 오프라인보다 익명성이 보장되는 곳에서의 윤리적 행동에 대한 교육을 받아야 한다. 이는 포용적이고 협력적인 디지털 커뮤니티를 형성하고 사회적 가치를 창출하는 데 매우 중요하다.

## AI 윤리 교육의 중요성

디지털 시대는 AI의 발전으로 혁신적인 변화를 경험하고 있다. AI는 교육, 사회, 문화, 산업 전반에 걸쳐 사용되고 있다. 이에 AI 관련 윤리 교육은 건강한 사회를 만들어 나가는 데 필수다. 아직 어린이나 청소년인 알파 세대는 다른 세대보다 취약하게 AI와 관련되어 다양한 윤리적 문제에 노출될 가능성이 크다. 따라서 챗GPT와 같은 AI 도구 활용 시 개인정보를 보호하고 안전하게 소통하는 방법에 대한 교육은 미래의 중요한 교육 주제가 될 것이다.

교육자들은 학생들에게 알고리즘의 작동 방식, 데이터의 편향성, AI의 사회적 영향을 교육해야 한다. AI 윤리 교육으로 학생들은 기술의 사용에 대한 사회적 책임감을 느끼고 기술 개발에 참여할 때 인간 중심의 접근 방식을 채택하도록 유도할 수 있다. 예를 들어, 자율주행차의 개발과 관련해 발생할 수 있는 사고에 대한 책임 문제를 토론하며 학생들이 상황을 분석하고 사고 발생 시 윤리적 결정 과정을 고민하도록 유도한다. 이를 통해 기술 사용의 복잡성을 이해하고 책임 있는 판단을 내릴 수 있는 능력을 기를 수 있다.

## 교육 현장에 나타나는 디지털 리터러시

교육 현장에서 디지털 리터러시의 필요성은 점점 더 강조되고 있다. 이미 여러 디지털 선진국에서는 공교육 커리큘럼에 적용해 디지털 리터러시 교육을 진행 중이다. 디지털 리터러시 교육은 개별 과목이 아닌 다양한 과목들과 통합하여 적용되는 추세다. 디지털 리터러시 교육이 다양한 주제를 다룰 수 있는 교육 과정을 개발하는 것이 중요하다.

핀란드는 교육 혁신의 선두주자로 모든 교과에 디지털 리터러시 교육을 통합해 학생들은 정보 검색, 분석 및 의사소통 기술을 연마한다. 특히 초등학교에서는 '미디어 교육' 과목을 통해 학생들이 다양한 디지털 매체를 비판적으로 평가하고 활용하는 방법을 배우게 한다. 학생들이 자신의 디지털 정체성을 탐색하고, 디지털 플랫폼의 윤리적 사용 논의 또한 이뤄진다.

미국과 영국은 코딩과 컴퓨터 과학 수업을 커리큘럼에 포함하며 기본적인 프로그래밍 기술을 배우게 하고 이를 통해 문제 해결 및 논리적 사고 능력을 기르는 데 초점을 맞춰 교육하고 있다.

스위스의 기숙학교인 로젠베르크연구소(Institut auf dem Rosenberg)는 '챗GPT'와 '달리 2(DALL · E 2)'와 같은 생성형 AI를 학습에 활용하는 것을 유도한다. 역사 수업에서 이미지 생성 전문 프로그램인 달리 2를 활용하여 역사의 중요한 순간을 시각화해 역사와 미술을 융합하는 수업을 한다. 이 학교는 기본 지식은 과거의 유산이며 지식을 창의성으로 업그레이드할 수 있는 숙련 기술, 가치, 윤리를 학생들에게 가르쳐야 할 시대라고 주장한다.

호주는 정보와 의사소통 능력(ICT, Information and Communication Technology)을 핵심 학습 영역으로 지정하고, 초등학교부터 주요 과목에 걸쳐 디지털 리터러시 교육을 포함하고 있다.

글로벌 학력 인증 프로그램인 '국제바칼로레아(IB, International Bacclaureate)'는 챗GPT로 글쓰기를 허용한다. 이때 출처와 학교 내 지침 준수를 강조하여 글쓰기의 창의성을 독려한다. 또한 챗GPT 의존도가 높아지거나 편향된 데이터에 휩쓸리는 것을 방지하기 위해 교사의 역할이 중요하다고 강조하며 AI를 윤리적으로 활용하도록 돕는 교육을 한다.

한국은 공교육 커리큘럼에 소프트웨어 교육을 필수 과목으로 지정하여 기본적인 프로그래밍 언어와 알고리즘적 사고를 개발하는 법을 가르치며 동시에 디지털 안전과 네티켓(Netiquette) 교육을 하고 있다. 또한 미디어 리터러시 교육을 수업에서 진행하여 정보를 비판적으로 판별하도록 유도한다. 예를 들어, 한 초등학교에서는 학생들에게 뉴스 기사를 읽어보고 그 안에 빠진 인물을 추정해 보고 다른 언론사의 기사들과 비교 분석하여 해당 기사의 신뢰성을 평가하도록 하며 수업을 진행한다. 이는 정보의 신뢰성 및 편향성에 대해 올바르게 평가하는 능력을 길러 주는 활동이 될 수 있으며 미디어에서 얻는 정보의 출처를 확인하는 절차를 통해 필요한 정보를 선별해 습득하는 훈련이 된다.

디지털 리터러시 교육에서 윤리는 단순한 기술적 능력을 넘어 학생들이 지식 기반 사회에서 건전하고 책임감 있는 구성원으로 성장할 수 있도록 돕는 데 매우 중요하다. 교육을 통해 윤리적 사고와 사회적 책임감을 심어

주는 것은 디지털 환경에서 건강하고 지속 가능한 상호작용을 위한 토대가 된다. 교육자들은 더욱 효과적이고 혁신적인 교육 방법을 도입해 학생들이 디지털 사회의 일원으로서 책임감을 갖도록 교육해야 할 의무가 있다.

## 참고문헌


구덕회(2024.10.13). 초중등학교에 디지털 리터러시 교육을 강화해야. ≪전자신문≫, https://www.etnews.com/20241011 000022

권장원 외(2021). 『인공지능, 디지털 플랫폼 시대 미디어 리터러시 이해』. 한울아카데미.

김경희 외(2020). 『디지털 미디어 리터러시: 미디어에 대한 올바른 이해와 활용』. 한울아카데미.

김대식(2023). 『챗GPT에게 묻는 인류의 미래: 김대식 교수와 생성인공지능의 대화』. 동아시아.

김효은(2019). 『인공지능과 윤리』. 커뮤니케이션북스.

이재호 외(2020). 『인공지능 교육개론』. 홍릉.

정제영 외(2023). 『챗GPT 교육혁명: ChatGPT를 활용한 하이터치 하이테크 미래교육』. 포르체.

최재현(2023). 『AI 리터러시』. 열린 인공지능.

허재민(2024.11.15). 디지털시대 청소년 보호 리터러시 교육 필수. 광주드림, https://www.gjdream.com/news/articleView.html?idxno=650653

06

# AI의 창의성 분야 침범

AI의 발전은 인간에게 편의성을 제공해 주었지만 동시에 인간의 고유 영역을 침범하기도 했다. 특히 음악, 미술, 글쓰기 등 창의적 분야는 AI의 기술이 빠른 속도로 발달하며 많은 논의를 불러일으키고 있다. AI 기술을 도구로 활용하여 창의적인 작업 수행하는 방식에 관한 연구와 논의가 필요해지는 시점이다.

AI와 야구?

## AI의 창의성, 인간 고유 영역의 위기

AI의 발전은 여러 분야에 혁신을 가져오고 있지만, 그 속에서 창의성이라는 인간의 고유 영역이 위협받고 있다는 우려도 커지고 있다. 특히 AI는 창작과 예술의 영역인 미술, 음악, 문학 등 다양한 분야에서 성과를 내고 있다.

국내 유명 작곡가 김형석은 'X(구 트위터)'에 "이걸 상을 줘야 하나 말아야 하나, 그리고 이제 난 뭐 먹고 살아야 하나"라고 글을 썼다. '2024 대한민국 글로컬 미래교육박람회 주제가 공모전'에서 우승한 곡을 AI가 작곡했다는 사실을 알고, 해당 공모전의 심사를 맡았던 김형석은 위와 같이 심경을 표현하였고 음악계는 경각심을 갖게 되는 계기가 되었다(뉴스1, 2024). 국내 시장분석업체인 '마켓닷어스'에 따르면 생성형 AI를 이용한 글로벌 음악 시장의 2022년도 규모는 약 2900억 원으로 집계되며 이는 향후 10년간 10배 이상 더 성장할 것으로 예측하였다. 현재 공개된 작곡 AI 소프트웨어를 이용하면 작곡에 필수적인 화성학을 몰라도 명령어 입력을 통해 짧은 시간에 꽤 수준 높은 음악을 만들 수 있다. 이렇게 작곡된 음악의 창작성, 저작권 등에 대한 논란은 여전히 이어지고 있으며 작곡 관련 AI 프로그램들은 날로 발전하고 지속해서 대중들에게 제공되고 있다.

AI가 그린 '에드몽 드 벨라미(Edmond de Belamy)'라는 제목의 그림이 미국 뉴욕 크리스티 경매에서 43만 2500달러(약 4억 9132만 원)에 판매되었다. 경매 역사상 첫 AI 그림의 낙찰 성공 사례다. 해당 그림의 화가 이름은 '오비어스(Obvious)'다. 오비어스는 프랑스 개발자 출신 3인조 그룹이다. 이들은 예술과 '머신 러닝' 기술을 접합하여 예술 활동을 하고 있다(뉴시스, 2018).

미국의 '콜로라도 주립 박람회 미술대회'의 디지털 아트 부문에서 우승한 제이슨 앨런(Jason M. Allen)은 "AI가 이겼고, 인간이 패배했다"라고 말했다. 그가 우승한 작품은 '미드저니(Midjourney)'라는 AI 기반 미술 프로그램을 사용해 만들어졌다. 이 소식이 소셜 네트워크를 통해 알려지며 해당 작품이 표절인지 아니면 AI가 단지 도구로서 기능을 하는 것인지에 대한 논란이 일었다(이윤정, 2022).

앨런이 사용한 미드저니를 비롯해 '달리', '스테이블 디퓨전(Stable Diffusion)' 등의 AI 기반 미술 프로그램은 누구나 텍스트를 입력하기만 하면 기존의 예술 스타일을 모방하거나 새로운 스타일을 창조하여 손쉽게 미술 작품을 만들 수 있다.

이러한 기술의 발전은 일반인들에게 예술 창작의 진

입 장벽을 낮춰 누구나 예술 창작을 수월하게 경험하도록 했지만 동시에 예술가들에게는 'AI가 인간의 창의성을 대체할 수 있는가?'라는 질문을 안겨주었다. 또한 기술학자이자 작가인 앤디 바이오(Andy Baio)는 AI 기반 그림 프로그램은 마법처럼 보이지만 사실상 여러 가지 윤리적 문제를 낳을 가능성이 있으며 원본이 무엇인지 모두 추적하는 것이 불가능하다고 지적했다.

AI의 창의성 분야 침범은 예술가들의 역할과 직업적 안정성에 대한 의문을 제기한다. 따라서 예술가들은 인간만의 감정이나 경험이 녹아든 자신의 독창성을 유지함과 동시에 AI와의 경쟁에서 생존하는 방법을 모색해야 한다.

## 기술의 발전 속 빛나는 인간의 독창성

AI 시대에서 이전보다 더욱더 강조되는 것은 AI와의 경쟁 속에서도 빛나는 인간의 독창성이다. 인간은 감정, 직관, 상상력을 바탕으로 하는 창의적인 사고능력을 갖고 있으며, 이는 AI가 결코 대체할 수 없는 고유한 자산이다. 감정은 창작을 해나가는 과정에서 중요한 요소로 작용하며, 사람마다 살아온 인생과 겪었던 경험에 따라 상이한 감정을 느낄 수 있다. 특히 예술 창작에서 인간의 감정적 깊이는 AI가 구현해 내기 힘든 영역이다. 문학 분야의 소설을 작성할 때, AI는 단순한 플롯이나 캐릭터를 구조화하는 데 유용하지만 복잡한 인간의 감정을 효과적으로 담기는 어렵다. 인간의 감정을 창작 활동으로 연결하는 것은 역사적 배경, 문화적 맥락, 사회적 이슈 등의 복합적인 요소가 결합한 사람의 경험에 기반을 두고 있으며 이러한 요소가 적절히 결합되어 작품의 깊이와 감동을 대중에게 전할 수 있다.

영국의 '자하하디드건축사무소(ZHA, Zaha Hadid Architects)'는 서울디자인재단과 공동으로 기획하여 DDP디자인박물관에서 '시작된 미래'라는 제목의 전시를 개최했다(강혜연, 2022). 해당 전시는 '혁신적인 프로세스와 연구', '상상하는 디자인과 가상 세계', '실감형 기술과 융합' 등 3개의 주제로 자하하디드건축사무소가 추구하는 건축과 기술의 융합 및 다양한 분야의 전문가들과 협업한 결과물에 디지털 기술, 메타버스, 블록체인 등의 미래 소재를 반영하였다. 자하 하디드는 여성 최초로 건축 노벨상으로 불리는 '프리츠커상(Pritzker Prize)'을 받은 해체주의 건축가로 3차원 첨단 설계기법 BIM을 도입한 국내의 동대문DDP(동대문디자인플라자)를 설계했다. 자하 하디드와 건축사무소의 창작 결과물은 그

야말로 AI 기술을 활용한 인간의 독창성을 돋보이게 하는 대표적인 사례다.

세계 여러 도시에서 진행된 '모코 뮤지엄(Moco Museum, Modern Contemporary Museum)'의 전시회는 AI와 예술가의 협업을 통한 독창적인 사회 예술 프로젝트를 선보였다. 이 프로젝트에는 AI가 생성한 예술 작품과 인간이 그린 작품이 함께 전시되었으며 AI 기술과 인간의 조화로운 관계를 탐구하는 기회를 제공했다.

향후 예술가와 창작자들은 AI를 보조적인 도구로 활용하여 자신만의 독창성을 극대화하는 기회를 만들어야 한다. AI는 부분적인 정보를 제공하고 기술적 측면을 보완하면서 최종적인 창작물은 여전히 인간의 감성으로 완성되어야 한다.

## AI 창작물의 저작권과 소유권 문제

AI 기반 프로그램을 사용해 창작 활동을 할 때, 그에 따른 윤리적 논의가 병행되어야 함은 물론이고 디지털 윤리 의식에 대한 교육의 필요성이 강조된다. 특히 창작물에 대한 저작권과 소유권은 인간의 권리가 침해당하지 않도록 적절한 법적 규제 및 법률 제정이 시급하다. AI 출현 이전에 만들어진 법으로는 해결될 수 없는 경우가 있다. 또한 AI가 생성한 예술 작품, 음악, 텍스트 등의 결과물이 어떤 법적 기준 아래서 보호받을 수 있는가는 여전히 논란의 여지가 있어 관련 법들이 제정되어 가는 중이다. 각국 전문가들은 기존의 저작권법이 아닌 새로운 법적 체계의 필요성을 제기하고 있다.

또한 AI가 기존 예술 작품이나 데이터를 학습할 경우, 원본 작품의 저작권 문제도 대두된다. 특정 화가의 스타일들을 학습하여 이미지로 생성하는 경우, 해당 화가의 원작에 대한 저작권이 침해된 것으로 간주할 수 있다. 이는 AI가 제공하는 창작물의 출처와 사용에 대한 보다 명확한 규정 마련이 시급하다는 점을 시사한다.

결국 AI 기반 프로그램을 통한 창작 활동이 계속 증가할수록 저작권과 소유권 문제는 더욱 복잡해지고 법적 체계 안에서 적합한 기준을 설정하는 것이 중요해질 것이다. 이는 예술가 및 창작자와 AI 개발자가 공존할 수 있는 윤리적이고 합리적인 기반을 마련하기 위해 꼭 해결해야 할 과제다.

AI 기술이 창작 분야에 개입하며 예술, 음악, 디자인 등 다양한 분야가 혁신적으로 변화함에 발맞춰 우리 사회의 모두가 함께 윤리적 고려와 저작권 문제를 직시하고 해결해 나가야 한다. 무조건 배제하고 부정적인 시선으로 받아들이는 것보다는 AI 기술 기반 창작 프로그램들과 협업하여 창의적인 작업으로 참신하고 색다른 예술 분야를 개척해 나가는 것 또한 미래지향적인 일이다.

## 참고문헌


강혜연(2022.5.22). 디지털 세계와 건축… 자하 하디드, '시작된 미래'. ≪환경일보≫, https://www.hkbs.co.kr/news/articleView.html?idxno=678551

김효은(2019). 『인공지능과 윤리』. 커뮤니케이션북스.

뉴시스(2018.10.26). AI가 그린 그림, 뉴욕 크리스티 경매서 5억원에 팔려. ≪동아일보≫, https://www.donga.com/news/Inter/article/all/20181026/92597120/1

뉴스1(2024.4.16). 작곡 공모전 'AI'우승에… "이제 뭐 먹고 사나". ≪동아일보≫, https://www.donga.com/news/Culture/article/all/20240406/124348924/1

박은정(2024). 『챗GPT 문화 · 예술 교육 인사이트』. 책바세.

박종국(2024.7.17). 진천 문상초, 인공지능과 함께하는 그림책 출판회 개회. ≪중도일보≫, https://www.joongdo.co.kr/web/view.php?key=20240717010005450

오병종(2024.4.30). 작곡가 김형석 "AI도움 작곡은 반칙 아니다". ≪여수복지뉴스≫, https://www.ebokjinews.com/news/articleView.html?idxno=4159

유혜인(2024.6.3). 창조된 이가 만드는 창작물 '인공지능 예술'.

≪대전일보≫,
https://www.daejonilbo.com/news/articleView.html?idxno=2135137
이용호(2023.10.25). 같은 기술 다른 결과, 챗gpt와 Bing에서 인공지능 AI 그림 툴, DALL-E 3 비교. ≪한국강사신문≫, https://www.lecturernews.com/news/articleView.html?idxno=138505
이윤정(2022.9.10). 미술대회 우승까지 한 'AI 그림'… 단순 표절일 뿐 vs 새로운 예술 도구. ≪경향신문≫, https://www.khan.co.kr/economy/economy-general/article/202209100800001
이재호 외(2020). 『인공지능 교육개론』. 홍릉.
장민(2023). 『챗GPT: 기회를 잡는 사람들』. 알투스.

# 07
# 아날로그로 회귀하는 레트로 문화 현상

AI의 발전으로 최첨단 시대를 살아감에도 현재의 편의성이 부재한 아날로그를 그리워하는 사람들과, 아날로그를 경험해 본 적도 없지만 그 감성에 열광하는 사람들. 이들이 함께 어우러져 향유하는 레트로 문화 현상으로 새로운 문화 트렌드가 형성되고 있다.

AI와 윤동주?

## 디지털 피로감과 인간적 연대감의 추구

현대 사회의 디지털화는 삶의 많은 부분을 편리하게 만들었지만, 동시에 과도한 양의 정보와 디지털 상호작용의 반복으로 디지털 피로감을 안겨주고 있다. 지나치게 방대한 양의 정보 속에서 사람들은 질 낮은 온라인 콘텐츠를 과다 소비하게 되고 이는 도파민 중독으로 이어지며 뇌에 악영향을 미치기도 한다. 미국의 생태주의자인 헨리 데이비드 소로(Henry David Thoreau)는 이 같은 현상을 '뇌 부패(Brain rot)'라고 했다. 청소년들은 뇌가 미성숙한 상태이기 때문에 성인보다 쉽게 더 큰 자극을 받는다. 과학기술정보통신부가 발표한 "2023 스마트폰 과의존 실태조사 결과"에 따르면 전체 국민의 23.1%, 청소년은 40.1%가 스마트폰 과의존 위험군으로 나타났다.

소셜 미디어에서 발생하는 지속적인 비교와 경쟁은 심리적 스트레스와 불안을 유발하고 정신적 피로감을 조성함과 동시에 정서적 고립감을 초래한다. 인스타그램과 페이스북과 같은 소셜 네트워크 플랫폼을 통해서만 다른 사람들의 일상을 접하다 보면 상대적 박탈감을 느끼거나 자격지심을 갖는 경우도 생긴다. 실시간으로 자신의 일상을 업로드할 수 있는 인스타그램의 '스토리'와 같은 기능을 사용하며 게시물 업로드에 압박을 느끼기도 한다.

이와 같은 부정적 현상으로 디지털 피로감이 높아짐에 따라 사람들은 여러 가지 방법으로 이러한 문제점을 해소하고자 한다. 그중 요즘에 가장 주목받고 있는 방법은 바로 '디지털 디톡스(Digital Detox)'다. 디지털 디톡스는 스마트폰, 컴퓨터, SNS와 같은 기기나 플랫폼의 사용을 잠시 멈추고, 뇌를 잠시 쉬게 하는 휴식을 의미한다. 디지털 디톡스 선두주자인 스위스의 철학자 알랭 드 보통(Alain De Botton)은 디지털 디톡스를 하면 진정한 창의성이 나올 수 있다고 하였다. 국내 통신사들은 '디지털 디톡스' 캠페인을 적극적으로 진행하여 눈길을 끌고 있다. LG유플러스는 스마트폰을 넣어두고 저녁 식사에 집중하는 '노 폰 다이닝(No Phone Dining)' 행사를 열었다. SK텔레콤은 도파민 중독의 심각성과 이를 위한 AI 윤리 등을 학습하는 디지털 캠페인 영상을 공개하며 디지털 디톡스를 사회에 알리려 했다.

디지털 디톡스를 통해 자기 자신에게 집중하는 시간을 갖는 동시에 가족, 친구, 지인 등 주변 사람들과의 직접적인 만남과 같은 기본적인 대면 소통을 갈망하게 된다. 또한 인간적 연대감을 추구하며 정서적 고립감을 감소시키고 공동체의 일원으로서의 소속감을 느끼길 원한다. 아이러니하게도 디지털 기술이 발전하면 할수록 사람들은 그 기술을 사용하며 만족해하지만, 한편으로는 아날로그적 경험을 추구하며 정서적 소통과 인간적 유대감 및 공감대 형성에 대한 욕구도 늘 갖고 있다.

## 돌고 도는 유행, 과거에 대한 그리움

사람들은 디지털 기기가 아닌 아날로그적인 경험을 찾아 레트로 문화를 수용하여 디지털 세상에서 느끼는 피로감을 해소한다. 레트로 문화는 과거의 스타일이나 아이디어를 다시 향유하거나 현대적으로 재해석하여 새롭게 소비하는 현상을 일컫는다. 패션, 음악, 디자인 등 다양한 분야에서 나타나며 특히 디지털 원주민인 알파 세대와 Z세대 사이에서 크게 조명되고 있다. 이들은 레트로 비디오 게임, 폴라로이드 카메라나 턴테이블과 같은 아날로그 기기 등을 통해 과거의 감성을 현대적인 감각으로 즐긴다.

코로나19로 인한 전 세계적 팬데믹 시기에 국내에서 방영했던 〈미스터 트롯〉은 이미 50~60년 전 크게 유행했던 트로트 장르를 대중들 사이에 급부상하게 했고 옛 감성을 요즘 세대의 재해석으로 중장년층의 큰 호응을 받았다. 예전 추억을 회상하며 거기에 요즘 감성과 테크

닉 등이 더해져 중장년층의 공감을 끌어냈다. 이는 국내에서 발생한 대표적 레트로 문화 현상으로 볼 수 있다. 이들은 강력한 팬덤을 형성하며 자신이 좋아하는 트로트 가수에 대한 감정을 공유하고 연대감을 만들어 하나의 문화 현상을 만들어 냈다. 알파 세대 또한 이러한 중장년층의 팬덤 문화 현상을 목격하며 세대 간의 공감대 형성에 영향을 받고 있다.

패션 산업에서 과거의 유행은 주기적으로 재현되곤 한다. '리바이스(Levi's)'는 과거의 디자인을 반영한 청바지 컬렉션을 출시하여 소비자들로부터 호응을 얻었다. 복고풍 청바지는 젊은 세대에서 다시 유행하게 되었으며 알파 세대와 Z세대는 자신들의 부모 세대가 즐겨 입던 스타일에 흥미를 느끼며 레트로 문화를 즐기고 있다. 인플루언서와 패션 블로거들은 이러한 스타일을 선보이며 현대적인 패션의 새로운 트렌드를 창출하고 있다.

영화와 드라마, 예능 프로그램에서도 레트로 열풍이 불었고 현재도 하나의 장르처럼 자리 잡고 있다. 드라마 〈응답하라〉 시리즈는 전국적으로 인기를 끌며 각 시리즈에 해당하는 세대로부터 과거의 향수를 불렀고 동시에 어린 세대에게도 사랑받았다. 이러한 현상은 세대 간의 공감대를 형성해 주었고 이후 많은 드라마에서도 과거의 패션, 음악, 음식, 문화 등을 주제로 사용하고 있다.

게임 산업 또한 레트로 문화로 인해 과거의 게임들이 재조명되고 있다. 원작 게임을 현대적 그래픽과 기술로 재구성한 리메이크 버전이나, 클래식 게임기의 재출시는 많은 인기를 얻고 있다. 〈슈퍼 마리오〉와 같은 클래식 게임은 최신 플랫폼에 적합한 형태로 리메이크되며 여전히 그 시절의 매력을 보유하고 있다. 게임 개발자들은 1980~1990년대의 픽셀 아트 스타일을 사용해 게임 사용자에게 향수를 불러일으키고 동시에 새로운 경험을 제공했다. 과거의 독창적인 게임 디자인과 현대 기술이 결합해 새로운 게임 문화 트렌드를 이끌고 있다.

유행의 순환과 과거에 대한 그리움은 우리 사회에서 끊임없이 재생되고 재창조된다. 단순한 복고풍 재현이 아니라, 과거의 매력을 현대 감각으로 재해석해 새로운 가치와 경험을 창출하고 있다. 과거를 경험했던 세대들은 향수를 느끼고, 새로운 세대들은 자신들의 감성과 함께 또 다른 문화를 형성해 나간다. 이는 과거와 현재가 서로 연결되어 상호작용하며 그 과정에서 세대 간의 통합과 다양성이 풍부한 문화를 만들어 간다.

## 아날로그로의 회귀 가치와 미래의 가능성

아날로그로의 회귀는 단순히 유행의 반복에 그치지 않고 우리 사회에 깊은 메시지를 전달한다. 사람들은 아날로그적 경험을 통해 진정한 유대감과 연결의 중요성을 재확인하고 있다. 이는 디지털시대에 필요한 균형을 찾는 중요한 역할을 할 것이다. 아날로그로의 회귀가 갖는 긍정적 가치들은 다음과 같다.

첫째, 아날로그 경험은 인간 간의 진정한 연결을 강화한다. 디지털 환경에서 신속한 소통이 가능하지만 때로 감정이 결여되어 아쉬운 순간들이 있다. 반면 아날로그 방식은 대면 소통을 장려하고 서로의 감정을 표정, 분위기, 느낌으로 공유하며 심리적인 안정감과 신뢰감을 높인다.

둘째, 아날로그 회귀는 감성적 경험의 중요성을 재조명한다. 아날로그 카메라, 턴테이블과 같은 물건들은 사용자의 손길, 소리, 냄새 등을 통해 감각적 즐거움을 제공한다. 이는 디지털 매체로는 대체할 수 없는 경험이다. 사람들은 과거의 물리적 매체를 통해 기억을 공유하고 중요한 순간들을 더욱 의미 있게 기록한다. 필름 카메라의 감성을 추구하는 젊은 세대들은 스마트폰의 애플리케이션을 활용하여 그 감성을 재현한 결과물을 얻는

다. 번지고 초점이 안 맞는 사진 안에서 과거의 따뜻함을 느끼는 레트로 감성을 찾는다.

셋째, 아날로그로의 회귀는 창의적인 표현과 자기 발견의 기회를 제공한다. 디지털로의 전환은 종종 우리가 선택할 수 있는 옵션을 무한으로 확장하지만, 이는 오히려 선택의 고뇌를 가져와 혼란스러운 경우가 있다. 한정된 자원과 환경 속에서 창의력을 발휘하는 기회를 통해 자신만의 스타일과 생각을 발견할 수 있다. 예를 들어, 손으로 직접 글을 쓰거나 그림을 그리는 과정은 집중도를 높이고 나 자신에게 집중하며 결과물에 대해 더 큰 성취감을 느낀다.

넷째, 아날로그로의 회귀는 개인의 정체성을 탐색하는 기회를 제공한다. 사람들은 각자의 배경과 세대에 따라 다양한 아날로그적 요소에 연결된다. 이는 개인적이고 문화적인 정체성을 형성하는 데 중요한 역할을 한다. 과거는 오늘을 이해하는 데 필요한 토대가 되며, 아날로그적 경험은 그러한 이해를 심화하는 데 도움을 준다. 따라서 아날로그로의 회귀는 단순한 유행이 아닌 깊은 사회적 의미와 가치를 지니고 있다.

## 참고문헌


강승혜 외(2024). 『세대욕망』. 한스미디어.

곽의영(2024.12.11). 현대 사회에서 디지털 디톡스의 필요성. ≪충청일보≫, https://www.ccdailynews.com/news/articleView.html?idxno=2314036

김대식(2023). 『챗GPT에게 묻는 인류의 미래: 김대식 교수와 생성인공지능의 대화』. 동아시아.

김용석(2024.9.11). SKT, '도파민 중독' 경각심 주는 디지털 캠페인 론칭. ≪이지경제≫, https://www.ezyeconomy.com/news/articleView.html?idxno=202444

노준영(2022). 『요즘 소비 트렌드』. 슬로디미디어.

이재호 외(2020). 『인공지능 교육개론』. 홍릉.

장대익(2023). 『다정한 인공지능을 만나다』. 샘터사.

채선애(2024.2.21). 불황기에 더 강력한 '복고 소비' 젊은층 합류하며 '영트로'로 진화. RetailTalk, https://retailtalk.co.kr/Trend/?idx=18087232&bmode=view

최윤식(2023). 『당신 앞의 미래』. 김영사.

최지연(2023.11.3). "휴대폰 잠시 내려놓으세요"...통신사가 '디지털 디톡스'에 빠진 이유. ZDNET Korea, https://zdnet.co.kr/view/?no=20241101153337

Kissinger. H.A. et al.(2021). *The age of AI.* Little Brown and Company 김고명(2023). 『AI 이후의 세계』. 윌북.

## 08
## 다른 세대와의 조화로운 관계

세대 간의 조화로운 관계는 사회 전반의 건강과 발전을 위해 중요한 요소다. 세대 간 갈등은 어느 시대에나 존재했다. AI 시대의 온라인 위주 활동이 심화시킨 개인주의 성향은 갈등을 증폭시키고 특정 세대를 고립시킬 가능성이 크다. 세대 간의 협력을 통한 원활한 소통 방식 구축은 현시대에 필수다.

AI와 한의학?

## 세대 간의 융합

모든 인간은 자신만의 고유한 경험과 지식을 갖고 있다. 비슷한 시기에 태어나 자라난 사람들은 한 세대를 이루며 그 세대만의 특징을 형성해 나간다. 베이비붐 세대와 일부 386세대는 학생 운동과 민주화 운동의 경험으로 형성된 정치색이 깊은 가치관을 중심으로 구분된다면 X세대는 대중문화가 폭발적으로 발전하는 시기를 경험하여 문화적 경험을 중심으로 구분된다. 밀레니얼 세대부터 Z세대와 알파 세대는 디지털 및 AI 기술의 발전과 변화의 경험을 중심으로 구분된다(강승혜 외, 2024).

특히 알파 세대는 비슷한 특징을 가진 Z세대와도 구분이 되는 점이 있다. 알파 세대는 디지털 원주민이자 동시에 AI 원주민 세대라는 것이다. 아직은 어린 나이인 알파 세대는 Z세대에 비해 특징이 확연히 나오고 있지 않지만 향후 20년 안에 AI 원주민 세대로서의 특성이 확연히 돋보일 것이다. 알파 세대는 디지털 기술에 대한 이해도가 다른 세대에 비해 높지만 이전 세대들이 경험한 가치관이나 사회적 맥락을 이해하지 못하는 경우도 발생할 수 있다.

다른 세대와의 조화로운 관계 형성 및 유지를 위해 알파 세대는 다른 세대들이 경험한 것들과 교훈을 경청하고 배우는 자세를 취해야 한다. 알파 세대의 건강한 발전을 위해 다른 세대들 또한 알파 세대의 디지털 환경을 이해하고 그들이 앞으로 살아가야 할 AI 시대에 대해 열린 마음으로 받아들이는 자세가 필요하다. 디지털 및 AI 관련 기술 지식에 대한 이해와 아날로그적 경험 및 전통적인 기술 그리고 기존의 교육 방식 및 사회적 상호작용 방식의 융합을 통해 원활한 소통과 조화로운 세대 간 관계가 지속 가능해지는 사회를 완성할 수 있다.

## 공동의 가치 창출을 통한 세대 간 공존

SK이노베이션에서는 사내 세대 차이로 인한 갈등을 해소하고 조직 내 화합과 협력을 촉진하기 위해 '세대공감 클랜'과 '행복협의회'를 구성하였다. 오늘날 직장 내에는 베이비붐 세대, X세대, 밀레니얼 세대, Z세대까지 여러 세대가 공존하고 있다. 각 세대마다 업무처리 방식과 가치관이 달라서 갈등이 생길 수 있지만 서로 간의 강점을 결합해 시너지 효과를 낼 수도 있다. SK이노베이션의 세대공감 프로그램의 교육과 워크숍으로 젊은 세대는 선배 세대의 조직 경험과 통찰력을 배우고, 선배 세대는 젊은 세대의 디지털 기술 활용을 통한 업무 수행 방식을 배울 수 있다. 상호 학습을 통해 세대 간 신뢰와 존중을 쌓을 수 있으며 각 세대의 강점을 살려 서로에게 필요한 역량을 제공하는 형태의 협력이 이뤄진다(송협, 2021).

국내 HR 솔루션 전문 개발사 자인원의 'Dive in HR'은 세대 융합을 위한 방법을 다음과 같이 소개하였다.

첫째, 세대 간 이해 증진 워크숍 운영을 통해 각 세대의 가치, 이념, 문화와 트렌드 등을 공유한다. 한국직업능력연구원의 연구에 따르면, 세대 간 이해 증진 관련 워크숍으로 세대 간의 이해가 평균 40% 향상되었다고 보고되었다.

둘째, 역멘토링 프로그램의 도입이다. 젊은 세대가 선배 세대에게 새로운 기술이나 트렌드를 가르쳐주는 프로그램이다. 이는 조직 전체의 디지털 기술 사용 역량을 향상할 수 있으며 이를 도입한 기업의 70%가 세대 간 소통 개선 효과를 경험했다고 한다.

셋째, 협업 중심의 프로젝트팀 구성이다. 신제품 개발팀에 세대별 인원을 골고루 배치하여 다양한 관점으로 더 창의적인 결과물을 도출할 수 있다. 매킨지의 조사에서는 세대 다양성이 높았던 팀이 그렇지 못한 팀보다 19% 높은 매출 증가를 기록했다.

공동의 가치 창출을 위해 여러 세대가 조화로운 관계로 공존한다면, 세대 간 갈등 해소를 넘어 사회의 경쟁력을 강화하는 핵심 전략이 될 수 있다. 대부분의 알파 세대가 직장을 구하는 향후 20년 안에 세대 간 조화로운 공존이 사회적 분위기로 형성된다면, 알파 세대의 미래는 세대 갈등을 대비할 수 있는 더 나은 세상이 될 것이다.

## 공감의 힘과 조화로운 관계의 미래 가치

공감은 세대 간의 조화로운 관계를 형성하는 데 매우 중요한 요소다. 공감은 서로 다른 배경과 경험을 가진 사람들이 서로를 이해하고 연결되는 능력이다. 공감 능력의 증진은 사회적 유대를 강화하고 공동의 목적을 추구하는 데 필수다. 단순히 타인의 감정 상태를 인식하는 것을 넘어, 상대방의 입장에서 그들의 경험과 감정을 진정으로 받아들이고 이해하는 것을 포함한다. 이러한 과정을 통해서 사람들은 서로 깊은 유대감을 형성하고 신뢰를 쌓을 수 있다.

공감이 풍부한 사회는 다음의 미래 가치를 제공한다.

첫째, 포용적 사회 형성으로 차별과 갈등을 줄이고 모든 사람을 포용하는 환경을 제공한다. 각 세대가 서로의 이야기와 경험을 공유하며 사회적 장벽을 허물고 이해를 확장해 나가는 공동체가 될 수 있다.

둘째, 공감하는 과정에서 도출되는 다양한 관점은 창

의적 해결책에 도달하는 데 영향을 미친다. 각 세대가 공감을 통해 서로 아이디어를 교환하며 소통하고 기존의 방식에서 벗어난 혁신적인 접근을 시도할 수 있다.

셋째, 공감 능력은 메타버스와 같은 가상 세계에서도 깊이 있는 인간적 경험을 제공할 수 있다. 공감은 소통이 기반이 되어야 한다. 비대면일지라도 서로의 의견과 감정을 공유하며 교류하고 상호작용을 한다면 타인과 더 나은 대인관계를 형성하고 유지할 수 있다. AI가 발전한 디지털 시대에 더욱 필요한 것이 이러한 공감 능력이다.

마지막으로 공감 기반의 사회는 장기적인 목표 달성을 위해 협력하는 공동체 전략을 발전시킬 수 있다. 에너지 효율이나 환경 보호와 관련해 공공정책을 설계할 경우 공감적 접근은 해당 정책을 실현하기에 필수다.

이처럼 공감은 단일한 감정적 요소뿐만 아니라, 세대 간의 조화로운 관계를 구축하고 더 나은 사회를 만들어 가기 위해 중요한 역할을 한다. 공감의 힘을 통해 여러 세대는 서로의 강점을 이해하고 최대한 활용하며, 미래 사회가 직면할 도전에 공동으로 대응할 수 있다. 이는 우리 사회의 미래지향적 목표들이 지속 가능한 방향으로 나아가도록 이끌 것이다.

## 참고문헌

강승혜 외(2024). 『세대욕망』. 한스미디어.

노준영(2022). 『요즘 소비 트렌드』. 슬로디미디어.

송협(2021.5.10). SK이노베이션, '세대공감 클랜' 통해 직장 내 세대 갈등 해소. ≪데일리포스트≫, https://www.thedailypost.kr/news/articleView.html?idxno=81383

채선애(2024.2.21). 불황기에 더 강력한 '복고 소비' 젊은층 합류하며 '영트로'로 진화. RetailTalk, https://retailtalk.co.kr/Trend/?idx=18087232&bmode=view

HRDiver(2024.8.5). 직장 내 세대 차이? 약점에서 강점으로, HR의 세대 융합 전략. Dive in HR, https://hrdiver.tistory.com/entry/%EC%A7%81%EC%9E%A5-%EB%82%B4-%EC%84%B8%EB%8C%80-%EC%B0%A8%EC%9D%B4-%EC%95%BD%EC%A0%90%EC%97%90%EC%84%9C-%EA%B0%95%EC%A0%90%EC%9C%BC%EB%A1%9C-HR%EC%9D%98-%EC%84%B8%EB%8C%80-%EC%9C%B5%ED%95%A9-%EC%A0%84%EB%9E%B5-%F0%9F%8C%88

09

# AGI 시대 도래

생성형 AI 기술 개발이 가속화되며 AGI 시대가 가까워지고 있다. AI의 능력이 인간의 지능을 구현할 수 있는 시대가 온다면 우리는 그 파급력을 미리 파악하고 대비해야 한다. 소외되고 도태되는 사람이 생기지 않는 사회를 위해 어떤 논의가 필요한가? AGI를 활용해 삶을 살아나가는 방법, 지금과는 다른 AI 윤리에 대한 새로운 시각이 필요할 것이다.

AI와 화장품?

## AGI란 무엇인가?

AI는 수행 능력 차원에서 크게 3가지로 나눈다. 특정 영역의 문제만을 해결하는 '좁은 인공지능(ANI, Artificial Narrow Intelligence)', 인간과 유사한 수준의 인지 능력을 가진 '범용 인공지능(AGI, Artificial General Intelligence)', 모든 분야에서 인간보다 뛰어난 '초인공지능(ASI, Artificial Super Intelligence)'이 있다(김효은, 2019).

생성형 AI 기술의 개발이 가속화되면서 범용 인공지능인 AGI의 시대가 곧 도래할 것이라는 전망이 나오고 있다. AGI는 범용 인공지능, 미래 인공 일반 지능 등 여러 가지의 이름을 갖고 있으며 아직 명확하게 정의가 내려지지 않았다. 간단히 설명하자면 AI의 이해력, 추론 능력, 창의적 문제 해결력 등이 사람과 유사하거나 그 이상의 지능을 구현할 수 있는 AI라고 볼 수 있다. '오픈AI'와 '구글 딥마인드(Google DeepMind)', '앤트로픽(Anthropic)', '엔비디아(NVIDIA)' 등은 현재의 AI 기술이 2028년까지 AGI 급에 도달할 수 있다고 밝혔다(신연수, 2024). 마이크로소프트의 빌 게이츠(Bill Gates)는 10년 이내에 인간의 뇌를 능가하는 초인공지능인 ASI가 등장할 것이라고 예상했으며 엔비디아의 젠슨

황(Jensen Huang)은 AGI의 등장 시기를 5년 이내로 예상했다(알바트로스, 2024).

실제로 이미 GPT-4 모델은 미국 변호사 시험에서 상위 10%의 성적을 받았으며 전문적 지식과 추론 능력이 인간과 비슷해졌다. 맹성현 카이스트 명예교수는 "이미 생성형 AI인 챗GPT로 AGI 시대의 서막이 열렸다"고 주장한다. 기존의 AI가 인간의 분석을 돕는 수준이었다면 챗GPT는 인간의 언어를 이해하고 학습된 내용을 바탕으로 완성된 결과물을 도출한다. AI 기술이 인간의 능력을 추월하는 AGI 시대가 다가오는 이 시점에 AI와 차별화되는 인간의 능력을 강화하는 것은 미래에 생존하는 전략이다.

## AGI 시대가 가져올 파급력과 대응책

AI 및 디지털 관련 전문가들은 AGI 시대가 온다면 많은 일자리가 소멸하거나 변화할 것이다. 제조, 운송, 서비스 등 다양한 분야에서 인간의 일을 대체하게 될 것으로 전망한다. 세계경제포럼(WEF)은 AGI 시대가 실현된다면 전 세계적으로 8억 5000만 명의 일자리가 사라질 것으로 예측했다(박용선, 2023). 국제통화기금(IMF) 총재 크리스탈리나 게오르기에바(Kristalina Georgieva)는 "AI가

향후 2년 이내에 선진국 일자리의 60%, 전 세계 일자리의 40%에 영향을 미칠 것이며 우리 사회에 더 많은 거짓 정보와 불평등을 가져올 것"이라고 예상했다. AI계의 대부라고 불리는 제프리 힌턴(Geoffrey Everest Hinton) 교수는 "AI가 인간 사회의 소득과 부의 극단적인 양극화와 불평등을 초래할 것이며 AI가 범죄뿐 아니라 치명적인 무기로 사용되는 비극이 올 것"이라고 예견하였고 AI의 군사적 사용을 전면 금지해야 한다고 주장했다(장박원, 2024).

AGI 시대가 도래하면 인간에게 닥칠 위협에 대비해 국가마다 여러 제도와 장치를 만들어 놓을 필요가 있다. AI 관련 전문가들은 부의 불평등 및 일자리 소멸의 우려를 해결하기 위해 각국의 정부는 기본소득을 도입해야 한다고 주장한다. 기본소득은 AGI가 창출하는 수익을 세금 및 기부로 환수해 기본소득 재원으로 만들고 모든 시민에게 일정한 현금 소득을 지급하는 복지 개혁이다. AGI 기술을 올바르게 사용하고 모두를 위한 기본소득 제도가 제대로 시행된다면, 사람들은 노동의 압박에서 벗어나 자기 계발, 자원봉사, 여가 활동 등으로 자신의 능력과 재능에 집중해 자기실현을 추구할 수 있게 될 것이다(박영숙 · Glenn, 2023). 하지만 기본소득 제도가 제대로 작동하지 못한다면 빈부격차가 더 심화하고 AGI 시대의 미래는 영화 속 모습처럼 참담한 재앙이 될 것이다. 아직은 기본소득에 대한 아이디어만 나왔을 뿐 뚜렷한 대책이 세워진 것은 없다. 자본주의 사회인 미국이 세계 경제에 강력한 영향력을 갖고 있고 기본소득의 원리는 사회주의 사회와 비슷한 결을 갖고 있어 이념과 가치관이 상이한 나라들의 논의가 필요하다.

이미 미국과 유럽연합 등 주요 국가들은 AI의 위험성을 막기 위한 규제에 대한 논의를 시작한 지 오래다. 2023년 영국에서 개최된 'AI 정상회의'에서 미국과 유럽연합, 중국 등 28개 국가는 AI로 발생할 수 있는 위험에 대비하는 협력을 위한 '블레츨리 선언(Bletchley Declaration)'을 채택했다. 유럽의회는 AI 기술을 개발할 때 지켜야 할 규제법을 세계 최초 제정하여 국가가 AI 기술 개발에 관여할 것이라는 뜻을 내비쳤다. 미국 또한 AI 기술 개발의 지원과 안정성을 담보하기 위해 정부와 기업이 관련 정보를 공유하기로 발표했다. 국내에서도 2024년 5월에 AI의 안정성을 주요 의제로 한 'AI 서울 정상회의'를 열고 과학기술정보통신부는 '새로운 디지털 질서 정립 추진계획'을 발표했다.

현재 AI의 기술을 지속해서 발전시키고 있는 관련 기

업들과 기관들은 기술의 사회적 영향을 고려해야 한다. 국민의 정서와 발맞춰 같은 속도로 발전시키는 노력이 필요하다. 오픈AI, 구글, 마이크로소프트, 테슬라(Tesla), 엔비디아와 같은 기업들은 AI의 윤리적 사용을 보장하기 위해 명확한 사용 준수 지침을 설정하고, AI의 투명성과 공정성을 유지할 시스템을 갖추는 노력이 필요하다.

교육계도 AI 기술의 발전과 AGI 시대를 대비하기 위해 교육 제도의 개편 등 변화를 시도해야 한다. AGI 시대에는 창의성, 비판적 사고, 협업 등 인간만이 수행할 수 있는 능력을 중심으로 교육과 훈련이 이루어져야 한다. 미국의 MIT(Massachusetts Institute of Technology)에서는 AGI 시대에 대비한 AI 교육 프로그램을 도입해 학생들에게 프로그래밍 기술뿐만 아니라 윤리 문제 해결 능력과 비판적 사고력을 기르는 데 중점을 두고 있다.

## AI 윤리에 대한 새로운 시각

AGI의 발전은 단순한 기술적 문제를 넘어 윤리 문제와 맞물려 있다. 기존의 AI 관련 윤리는 알고리즘과 데이터의 편향성, 개인정보 보호, 투명성 등의 문제를 중심으로 논의가 되었다. 하지만 AGI가 걷는 새로운 길은 그 자체로 더욱 복잡한 윤리적 고려가 필요하다. AI가 독립적으로 결정을 내릴 수 있는 능력을 갖춘다면, 윤리적 딜레마가 발생할 가능성이 더욱 커질 것이다. 예를 들어, 자율주행차가 교통사고를 피하고자 취해야 할 행동에서, 보행자와 차량에 탑승한 승객의 생명 중 우선순위를 결정해야 하는 상황에 어느 선택이 옳은지 판단하는 것에 다양한 관점의 논란이 있을 것이다. 이러한 선택의 갈림길에 처했을 때 윤리적 기준이 무엇인지 명확하고 구체적인 지침 및 법률 제정이 필요할 것이다.

국제적 AI 관련 윤리 기구를 설립해 각국의 의견을 반영하고 국제적 공동 기준을 설정해 윤리 문제를 예방하고 인간을 보호할 시스템이 필요하다. 미국과 유럽 및 AI 선진국에서는 이미 논의가 시작되었고 이는 AGI의 기술 발전의 속도보다 빠르게 이루어져야 한다. 전 세계가 합의한 공동의 기준이 설정되면, 각 나라는 해당 나라의 사회적 분위기, 국민 정서, 문화에 맞춰 윤리적 지침 및 법률 등을 제정하여 AGI 시대에 맞는 새로운 시각의 윤리적 통념이 자리 잡게 될 것이다. 이는 AGI 시대에 일어날 위협 및 이슈로부터 인간을 보호할 수 있는 필수 도구가 될 것이다.

## 참고문헌


강승혜 외(2024). 『세대욕망』. 한스미디어.

김대식(2023). 『챗GPT에게 묻는 인류의 미래: 김대식 교수와 생성인공지능의 대화』. 동아시아.

김용석(2024.9.11). 방통위, 방심위와 12일 '딥페이크 성범죄영상물 대응' 토론회 가진다. ≪이지경제≫, https://www.ezyeconomy.com/news/articleView.html?idxno=202449

김효은(2019). 『인공지능과 윤리』. 커뮤니케이션북스.

맹성현(2024). 『AGI시대와 인간의 미래』. 헤이북스.

박영숙 · Glenn, J.(2023). 『세계미래보고서 2024-2034』. 교보문고.

박용선(2023.12.25). "AGI 시대 온다 … 노동 사라지고 인간 자기계발 · 여가 활동 즐겨". ≪ECONOMYChosun≫, https://economychosun.com/site/data/html_dir/2023/12/25/2023122500050.html

신연수(2024.6.11). AI는 장난 수준 "4년 뒤엔 AGI 시대" … 무엇이 필요한 것인가. ≪한국경제≫, https://www.hankyung.com/article/202406118182i

알바트로스(2024.6.12). 다가오는 AGI 시대, 어떻게 대비해야 할까?. SUPERB AI, https://blog-ko.superb-ai.com/how-do-we-prepare-for-the-coming-agi-era/

우탁 외(2022). 『메타버스의미래, 초실감 기술』. 경희대학교 출판문화원.

장대익(2023). 『다정한 인공지능을 만나다』. 샘터사.

장민(2023). 『챗GPT: 기회를 잡는 사람들』. 알투스.

장박원(2024.5.21). AI발 불평등에 "기본소득 도입하자" AI 대부의 제언. ≪민들레≫,

https://www.mindlenews.com/news/articleView.html?idxno=8370
전상훈 · 최서연(2023). 『챗GPT 돈이 되는 세상』. 다빈치하우스-미디어숲.
최윤식(2023). 『당신 앞의 미래』. 김영사.
Kissinger, H.A. et al.(2021). *The age of AI.* Little Brown and Company 김고명(2023). 『AI 이후의 세계』. 윌북.

## 10
## AI로 인한 새로운 분야의 창출

AI의 발전으로 인간이 하는 일들이 사라지는 것에 너무 낙담할 필요는 없다. 왜냐하면 AI의 발전으로 새로운 분야의 직업들이 생겨나고 알파 세대의 관심 또한 그 새로운 분야에 집중되고 있으니 말이다. 새롭게 발전하는 분야에 대비하기 위해 우리는 어떤 준비를 해야 할까?

종교와 AI?

## AI가 만들어 내는 새로운 직업들

AI 기술의 발전으로 여러 분야의 직업들이 자동화하면서 사람이 할 수 있는 일을 AI 기계가 대체하고 있다. 반면에 AI 기술의 발전으로 가상공간의 확장, 메타버스 기능의 다양화, 비대면 문화의 확산 등 새로운 분야가 창출되고 점차 대중화하고 있다. 우리는 인간의 직업 소멸이라는 위기를 기회 삼아 AI로 만들어지는 새로운 분야에 집중해야 한다. 그 새로운 분야에 어떤 새로운 직업들이 생겨나고 있으며 또한 앞으로 생겨날 것인가? 우리는 이 질문에 초점을 맞춰 논의해 볼 필요가 있다.

AI를 사용하는 건 결국 인간이다. AI 기술을 더욱더 효율적으로 사용하려면 그 사용법을 혁신적으로 구상하는 사람이 필요하다. 챗GPT와 같은 생성형 AI의 대규모 언어 모델로부터 더 나은 답변을 유도하는 입력값, 혹은 명령어의 사용이 중요하다. 이 입력값, 명령어, 혹은 질문들은 프롬프트(prompt)라고 불린다. AI 시스템으로부터 원하는 대답을 얻기 위해 적절한 질문을 하는 능력을 지닌 프롬프트 엔지니어는 2023년 ≪워싱턴포스트(Washington Post)≫가 소개한 기술 분야의 가장 인기 있는 새로운 직업이다(최창희, 2023). 기존에는 이러한 일을 수행하기 위해 코딩 능력이 필수였지만, 프롬프트 엔지니어는 문장을 이용하기 때문에 전문적인 코딩 능력이 필요치 않다. 'AI 조련사' 혹은 'AI 위스퍼러'라고 불리는 프롬프트 엔지니어는 생성형 AI를 사용해 본 경험과 논리적, 언어적 관점에서 AI와의 원활한 대화가 중요하다(전상훈 · 최서연, 2023). 또한 디자인, 법학, 의학, 통계, 교육 등 분야의 전문가이면서 문제 인식과 분석을 창의적으로 수행할 수 있는 역량이 필요하다. 이에 더해 코딩 능력까지 갖추고 있다면 최고 수준의 프롬프트 엔지니어가 될 것이다.

미국의 '앤트로픽(Anthropic)'은 프롬프트 엔지니어 연봉으로 33만 5000달러(약 4억 3800만 원)를 제시했고, 국내 AI 스타트업 기업인 '뤼튼테크놀로지스(Wrtn Technologies)'는 최대 1억 원의 연봉을 제시했다(전상훈 · 최서연, 2023). 국내 과학기술정보통신부는 2023년 3월, 프롬프트 엔지니어를 육성하기 위한 교육 과정 개설을 계획 중이라고 밝혔다. 이와 같은 기업과 정부기관의 투자와 함께 프롬프트 엔지니어는 향후 20년 안에 주요한 직업군에 포함될 것이다.

비대면 문화가 확산하며 가상공간에 대한 투자와 연구는 지속되고 있다. 이미 미국은 재택근무가 일상이며 비대면으로 업무를 수행하거나 교육을 받는 것이 보편적인 상황이다. 향후 가상공간을 발전시키는 것과 관련된 직업들이 증가할 것이며 20년 안에 여러 직업군의 주류로 자리 잡게 될 것이다. 특히 가상공간을 디자인하는 가상공간 디자이너는 미래 직업의 선두주자가 될 것이다. '프라이스워터하우스쿠퍼스(PwC, Price water house Coopers)'는 2030년에 전 세계 VR과 XR의 기술 시장이 1300억 달러(약 150조 원)에 다다를 것이라고 예측했다. 미래의 직장인들은 주로 현실의 일터보다 가상의 일터에서 일하게 될 것이다. 현실 공간에서 업무를 수행한다 해도 가상과 현실의 경계를 허물고 바로 옆 사무실처럼 드나들 수 있을 것이다. 가상의 일터를 디자인하는 가상공간 디자이너는 더욱더 주목받게 될 것이다.

메타버스, 챗GPT, 디지털 리터러시 등 AI 시대에 주목해야 할 개념들과 기술 및 교육에는 윤리적 논리가 필수로 자리한다. AI 시스템의 윤리적 사용을 보장하기 위해 개발 과정에서부터 발생할 수 있는 편향성 문제를 검토하고 공정성 기준을 적용하는 전문가가 필요하다. 이에 따라 AI 윤리 전문가 혹은 윤리 기술 변호사가 새로운 직업군으로 각광받을 것이다. AI가 일으킬 수 있는 개인정보 보호 문제와 사회적 책임을 논하는 자리에서 이들의 역할은 매우 중요하다.

AI의 발전으로 다양한 직업이 생겨나면서 이에 대비하며 필수 역량을 준비해야 한다. 이는 개인이 노력하는 것과 동시에 각국에서 국가적 차원의 기준과 법률을 제정해 기술적으로 발전해 나가는 미래를 함께 맞이해야 한다.

## 이제는 국영수코, 코딩 교육의 대중화

국내 공교육 과정에서 중요시하는 과목은 국어, 영어, 수학, 즉 국 · 영 · 수로 불리는 과목이다. AI 기술의 발전과 프로그래밍 기술의 중요성이 대두되면서 국 · 영 · 수에 코딩 교육이 포함되고 있다. 이는 학생들이 미래 사회에서 요구되는 기본 역량을 구축하는 데 필수 역할을 한다. 코딩 교육은 컴퓨터 언어를 사용해 프로그램을 만드는 교육이지만 프로그래머를 양성하는 것뿐만 아니라, 논리적 사고와 문제 해결 능력을 키우는 수단으로 활용된다. 초등학교 때부터 코딩을 학습함으로써 학생들은 창의적 사고력을 기르고, 복잡한 문제를 단계별로 해결하는 방식을 체득하게 된다.

국내에서는 2025년부터 초등학교와 중학교에서 코딩 교육이 의무화되어 전국의 알파 세대가 필수로 배우는 과목으로 수업이 진행될 것이다. 알파 세대는 코딩 교육을 통해 미래 직업 환경에서 요구되는 협업 능력과 창의성을 강화하는 훈련을 할 수 있다. 다양한 팀 프로젝트와 실습으로 여러 관점을 고려하며 창의적인 해결책을 모색하는 훈련을 받을 수 있다.

여러 국가에서 코딩 교육을 포함한 STEAM 융합 교육의 중요성을 강조하며, 알파 세대가 AI를 포함한 첨단 기술 분야에서 경쟁력을 갖추도록 하고 있다.

## 이 시대에 알파 세대에게 주어진 역할

알파 세대는 AI와 디지털 기술의 발전과 함께 유년기를 보내며 성장하고 있는 첫 세대로 이 시대에 특별한 역할을 맡고 있다. AI 원주민으로서 AI 기술을 접하며 자연스럽게 이를 효율적으로 활용하는 능력을 배우며 자란다. 이들은 유년기부터 디지털 리터러시 교육을 받으며 그 어떤 세대보다 뛰어나게 디지털 속 데이터를 분류하고 날카롭게 편향성을 선별하는 역량을 지닐 것이다. 이를 토대로 알파 세대는 디지털 리터러시의 선도자로서 올바른 디지털 및 AI 사용에 앞장서야 한다.

또한 알파 세대는 기술적 · 사회적 변화가 맞물리는 이 시대에 변화의 중재자가 되어 기술을 통해 사회적 문제를 해결하는 중요한 매개체가 되어야 한다. 또한 이들은 기후 변화로 인한 환경 보호, 에너지 절약 등과 같은 세계적 이슈에 AI 기술을 활용하여 현대적 해결책을 제시함과 동시에 더 나은 미래로 나아가야 한다.

AI 기술의 발전에 의한 윤리 문제는 과거부터 야기되었고 미래에 있을 심각한 윤리 문제 또한 여러 전문가를 통해 예측되고 있다. 현재의 기성세대들이 윤리적 문제를 예방이나 해결하는 기준 및 법률을 제정하기 위해 많은 논의와 노력을 하고 있다. 알파 세대는 기성세대가 만들어 놓은 법과 규율 안에서 책임감 있는 윤리적 사용자로 자리매김해야 하며 더 나은 법과 규율을 만들어 나가야 한다.

결론적으로 알파 세대는 AI 및 디지털 기술이 급속도로 발전하는 이 시대의 중심에서 선도적인 역할을 수행해야 한다. 이들은 교육과 기술의 습득을 통해 배양된 능력을 기반으로 미래 사회의 발전과 번영에 이바지할 수 있다. 변화에 능동적으로 대응하고, 기술을 통해 구체적인 가치를 창출함으로써, 알파 세대는 더욱 풍요롭고 조화로운 미래 사회를 만들어 가는 데 중요한 역할을 할 것이다.

## 참고문헌

강승혜 외(2024). 『세대욕망』. 한스미디어.

김대식(2023). 『챗GPT에게 묻는 인류의 미래: 김대식 교수와 생성인공지능의 대화』. 동아시아.

김용석(2024.9.11). SKT, AI 동시통역 '트랜스 토커' 고객 확대 속도낸다. ≪이지경제≫, https://www.ezyeconomy.com/news/articleView.html?idxno=202441

김용석(2024.9.13). 도전 업체 많았지만 성공사례 극히 드물어….정부주도 사업은 이용률 '바닥' 수준. ≪이지경제≫, https://www.ezyeconomy.com/news/articleView.html?idxno=202497

박종국(2024.7.17). 진천 문상초, 인공지능과 함께하는 그림책 출판회 개회. ≪중도일보≫, https://www.joongdo.co.kr/web/view.php?key=20240717010005450

장대익(2023). 『다정한 인공지능을 만나다』. 샘터사.

정다은(2024.9.5). "알파세대에 한뼘 더"… 핀테크, 연령 확대로 미래 고객 확보. ≪전자신문≫, https://www.etnews.com/20240905000085

전상훈 · 최서연(2023). 『챗GPT 질문이 돈이 되는 세상』. 다빈치하우스-미디어숲.

정지원(2024.4.12). 미래 고객 모셔라… 시중은행 '잘파(Z세대+알파세대)' 마케팅 열풍. ≪녹색경제신문≫, https://www.greened.kr/news/articleView.html?idxno=313130

최윤식(2023). 『당신 앞의 미래』. 김영사.

최창희(2023). 『챗GPT 활용 가이드북: 마흔 이후 인생의 전환점에 만나는 AI』. 참출판사.
하수민(2024.5.12). 코딩 교육 의무화 바람… “형태 변해도 코딩 열풍 이어질 것”. ≪고대신문≫, https://www.kunews.ac.kr/news/articleView.html?idxno=42387
Kissinger, H.A. et al.(2021). *The age of AI.* Little Brown and Company 김고명(2023). 『AI 이후의 세계』. 윌북.

**강민희**

경복대학교, 숭의여자대학교, 경기대학교 실용음악학과 겸임 교수이며 엘엠케이뮤직(LMK Music)의 대표다. 또한 AI 모션 인식 기술과 스피닝을 융합한 스포테인먼트 기업 (주)TAGO의 음악 감독이다. 미국 코네티컷주립대학교에서 학사 학위를, 백석대학교 음악대학원 실용음악학과에서 석사 학위를 취득했으며 경희대학교 일반대학원 응용예술학과에서 박사 과정을 수료했다. 석사 논문의 연구를 확장 발전시켜 "알렉산더 테크닉 훈련이 실용음악 보컬 전공자 발성에 미치는 영향 연구"(2024)를 KCI 등재 학술지에 게재했다. 현재 대학생(Z세대)과 알파 세대를 위한 알렉산더 테크닉 관련 자기 심리 강화 훈련에 관한 연구를 진행하고 있다.